命理生活新智慧・叢書 59-1

金星出版社 http://www.venusco555.com
E-mail: venusco@pchome.com.tw
法 雲 居 士 http://www.fayin777.com
E-mail: fatevenus@yahoo.com.tw

法雲居士⊙著

金星出版

國家圖書館出版品預行編目資料

對你有影響的『昌曲左右』《全新修訂一版》／法雲居士著，2010年2月，
臺北市：金星出版：紅螞蟻總經銷，
（命理生活新智慧叢書；59-1）
面；　公分

ISBN:978-986-6441-14-1-　(平裝)

1.紫微斗數

293.1　　　　99001587

對你有影響的昌曲左右《修訂版》

作　　者：法雲居士
發 行 人：袁光明
社　　長：袁靜石
編　　輯：王璟琪
總 經 理：袁玉成
出 版 者：金星出版社
地址：台北市南京東路3段201號3樓
電話：886-2--25630620●886-2-2362-6655
FAX：886-2365-2425
總 經 銷：紅螞蟻圖書有限公司
地　　址：台北市內湖區舊宗路二段121巷28・32號4樓
電　　話：(02)27953656(代表號)
網　　址：http://www.venusco555.com
E-mail　：venusco@pchome.com.tw
venus@venusco.com.tw
法雲居士網址：http://www.fayin777.com
E-mail　：fatevenus@yahoo.com.tw

版　　次：2010年2月修訂1版
登 記 證：行政院新聞局局版北市業字第653號
法律顧問：郭啟疆律師
定　　價：420 元

行政院新聞局局版北字業字第653號
(本書遇有缺頁、破損倒裝請寄回更換)

ISBN :978-986-6441-14-1　（平裝）

序

這本『昌曲左右』所談的是文昌、文曲和左輔、右弼這四顆星。這本書是一套書中的第六冊書，其他的書還有已出版的『權祿科』、『十干化忌』、『羊陀火鈴』、『天空、地劫』和『殺、破、狼上下冊』以及繼續要出版的『府相同梁』、『紫廉武』、『日月機巨』等書，也許這套書後面還會增加書目。

昌、曲、左、右這四顆星，很多人都將它們視為輔星，認為不算太重要的星。重要的當然是紫微、太陽、太陰、天府、武曲、天同，這些超級正曜。其實昌、曲、左、右四星也同列於甲級正曜之中，而且對每個人的人生也會有決定性的變化，也能形成人生形態的基本架構。其重要性也不亞於其他組成命盤格式的北斗諸星與南斗諸星。

在每個人的命格之中，文昌主宰了人的氣質、長相美醜、文化素質的高低、性格、環境的好壞與精明度和計算能力之好壞，以及人生架構的貴賤。力

量非常大。在命格中文昌居旺的人，會長相斯文美麗、文化素質高，學歷也高，為人精明幹練，易有成就，也易生活在優雅富裕的環境之中。當文昌居陷在命格中時，則會粗俗、愚笨、醜陋、文化低落，亦會貧窮。

文曲在人命中主宰桃花、才華、口才、人緣、熱鬧及升官進財之吉慶的事。當文曲居旺時，這些好事都會發生。當文曲居陷時，就反之，沒有桃花，會粗俗，沒有才華、才藝、人緣差、冷清、口才差、較悶，也無法有升官、進財、名利、喜慶等好運。

左輔、右弼是真正的輔星，為左右手。在人生中，左右二星也代表一種『合作』的性格與力量。它是溫和而不計是非善惡的輔助力量，因此助善也助惡。當左輔、右弼和吉星同宮時，就助善。和貴星、官星同宮，就助其事業和主貴。和財星同宮就助財。但財星居陷時，也助窮困了。左、右二星和煞星同宮時，會更增加倍的凶惡。和耗星同宮，會更加倍破耗，和暗星同宮，更增加倍的是非禍端而不吉。和空、劫同宮時，也會劫財，空的更快。

因此，昌、曲、左、右這四顆星在人生中佔有決定關鍵的力量。端看它們在你的命盤中是何種排列方式而定人生的吉凶了。文昌、文曲是時系星，也是臨時貴人，貴人效應在一個時辰左右，昌曲居陷時則無貴人運。左輔、右弼是月系星，是平輩貴人運，貴人效應在一個月之內。它們和羊、陀、火、鈴、化忌、劫空同宮時，更增險惡，貴人是凶險之徒，也稱不上貴人了，反而易遭更多的凶險。得知上述種種的吉凶狀況，有助於我們算命更準確，希望大家會喜歡這本書。

法雲居士　謹識

命理生活叢書59-1

《全新修訂版》

昌曲、左右

目錄

昌曲、左右

昌曲、左右

第一章　文昌的特質與對人的影響

第一節　文昌、文曲相互之關係

在命格中，文昌、文曲是必須一起看的

在紫微命理中，若要觀看命盤中文昌、文曲所佔的地位及代表意義，是必須雙星一起同時來看的。怎麼說要同時一起看呢？

文昌為文魁之星，稱『文貴』。文曲為『文華』。二星居旺時，皆為司科甲，名聲。有文昌為文章蓋世，有文曲為博學多能、口才好。但文昌居陷時，為粗俗、不學之人。文曲居陷時，為木訥、無才華之人。在大多數的人命中，都是一個居旺，一個居陷的。例如在子、寅、卯、辰、午、未、申、戌、亥等九個時辰所生之人，命盤中的文昌、文曲都是一個居旺，另一個就居陷的。而在丑時、巳時、酉時生的人，在其命盤中是文昌、文曲同在廟位的。因此同理可證，人世間有三分之二的人，在命盤中的文昌、文曲，其中只有一個是居旺，另一個則是居陷的。這樣會對人有什麼影響呢？

影響當然非常大囉！這個影響就是：**當你的文昌是居旺，而文曲居陷時**，你會在某些文質的、思想性、計算性、邏輯性、計謀性的事務上較靈活、聰明，也能生活在文質、優美、細緻的環境中。最重要的是：你腦中知識性、邏輯性的思考活動會較頻繁。而你身體手足方面的活動，或韻律感的活動會較發展遲鈍，也許你不愛

動，歌舞、運動方面的才華不好，或雖博學但無法出名，或是在口才、辯論、演講方面的才華較弱，也很可能不愛出風頭，較內向。

當文昌居平陷，而文曲居旺時，你會在桃花、人緣、口才、韻律感、歌舞、樂曲、運動、身體的活動方面較頻繁，而你在思想性、邏輯性、知識性，及文學、文藝的領域或計算性、計謀性的事務方面會較弱。由於這兩種不同影響的變化在你的命格中運作，是故你的人生也會產生不同的人生道路及里程碑。這個現象尤其是當昌、曲一旺一弱分處於『命、財、官』及『夫、遷、福』等三合宮位時，最明顯的影響了人生的道路、脈動、職業、環境與奮鬥目標。

例如許多演藝人員、人氣偶像，大多數在命格中是文曲居旺、文昌居平陷之位的，因此他們會在極年輕的時候，就投入演藝工作，能出名，但學業會中斷，學歷是不高的。這是文曲居旺的桃花緣份產生了巨大力量，影響了他的人生。

另一種現象：

普通在『陽梁昌祿』格中，太陽、天梁、文昌、祿星四顆星，就算是有任何星居陷，或四顆星全居陷位，只要在三合或四方宮位上，或是文昌、祿星在太陽或天梁的對宮，來形成折射的『陽梁昌祿』格，都能具有『陽梁昌祿』的人生格局及效果的。也會影響到人生的道路與方向的。所以人命中只要有此格局存在，人生就有增高往上爬的力量。此時『陽梁昌祿』四顆星的旺弱只是會影響到人生富貴的層次，和事業順利、起伏，以及所獲財富的多寡而已了。

也會影響到其人所學、所研究的學問及職業。

例如某些人命格中具有『陽梁昌祿』格，但其中的文昌居陷，也能拿到運動、體育或音樂、宗教類的博士學位。不過，若想得到美術、藝術類的博士學位，還是在『陽梁昌祿』格中要文昌居旺才行。

又例如台北市長馬英九先生，具有完美的『陽梁昌祿』格，但其『陽梁昌祿』四顆星全在官祿宮，在卯宮，因此文昌是居平位的。馬英九先生是法學博士，古代精通法律的人，被視為刀筆訟師之流的人。是故馬先生的『陽梁昌祿』格，決定了他學法學的基礎。

有一位朋友為女兒的前途來找我，這位十七歲的少女是武殺、文昌化科坐命卯宮的人，在美國學校讀書，非常優秀，在她的命格

中『陽梁昌祿』不成格局，但她在八字命格中是具有掌刑符、權威顯赫，具有武貴的人。命宮中的文昌化科在卯宮居平，雖外表也能斯文、懂禮儀、喜歡文質、文藝的事物，她自己本人原本希望未來走文學、寫作的路子，但其人一生未必會有收獲，再加上其人的財帛宮不佳，是廉貞化忌、貪狼，故是做窮儒色彩的人，也未必能如願的。實際上此命格的人，應該從事軍警業較佳，但其父母有錢，唸的又是美國學校，自然未來走法律為唯一路途了。經其父母和她分析討論的結果，她自己也覺得自己喜歡掌權，很適合學法律，目前已前往美國繼續大學的法律課程了。如果她繼續原先的想法學文學，勢必會半途而廢，學業也不見得能完成，人生層次也無法增高了。

另一個例子是知名作家張愛玲的例子

張愛玲女士是機巨坐命卯宮的人，命格中文昌居旺在辰宮（父母宮），『陽梁昌祿』格是由巳、酉、丑三合宮位和辰、戌、丑、未四方宮位交合形成的。太陽化祿、太陰化忌在丑宮（夫妻宮），天梁居陷在巳宮（福德宮）所形成的。因為本命中還有『火貪格』。所以在二十三歲的年青時代，便可成名，有文名。但因為『陽梁昌祿』格中刑剋太多，例如太陽化祿是和太陰化忌同宮在夫妻宮，天梁是和地劫、天空同宮在福德宮，文昌和紫相、鈴星同宮在父母宮，是故不會有博士般的高學歷，也無法以所學的、所經營的名氣賺到財富。實際上是一位具有寒儒色彩的人。同時在命格中，文昌居旺、文曲居陷（在戌宮為疾厄宮），故其人雖為機巨坐命的人，原本好辯的性格，但不喜以口才來和陌生人爭強鬥狠，對一般外人是懶得理

▼昌曲、左右

睬的，只會和熟識的，或他自己認定具有水準、資格的人，才會言詞犀利來交鋒。大致來說，在外交性格上有孤僻現象。

※凡『陽梁昌祿』格中有化忌、劫空、刑星同宮時，『陽梁昌祿』會受到刑剋而不順利，要取得高學歷就較難了，人生也易有中途改行、學業中輟，或異途而行的人生。

※『陽梁昌祿』格若形成太多層次的折射狀況，也會影響人生道路的不順暢，以及要取得高學歷較晚、較難，必須有堅強打拚的意志力才能完成了。

由以上可知，文昌星的旺弱及是否能形成良好格局，會影響一個人命程的順利度、周遭環境與人生道路……等等多重的問題。

當命格中的昌曲同時居廟

在人的命格中，文昌、文曲同時居廟時，**在丑時生的人**，文昌在酉宮、文曲在巳宮。**在巳時生的人**，文昌在巳宮、文曲在酉宮。**在酉時生的人**，昌曲同宮並坐在丑宮。這三個時辰生的人，文昌、文曲皆是居於廟位的，這也表示具有這種命格的人，是最幸運能同時具有文質、文學、高知識水準的、天生聰穎的智慧能力，又能具有桃花、口才、表現能力及成名機會的雙重好運的人。但由於每個人的命格不一樣，就算同時具有這些幸運，你所打拚努力的方向不一樣，所以很多人都忽略了它，也有大部份的人，是根本沒運用到這天生的特質，而一事無成的。

當命格中的昌曲同宮時

文昌和文曲同宮並坐的狀況，只有卯時和酉時生的人會遇到的。卯時生的人，會有文昌居平、文曲居旺同宮在未宮。而酉時生的人，會有文昌居廟及文曲居廟同宮在丑宮。前者是一個居平、一個居旺的狀況。後者是雙星皆居廟位，自然在人生意義上會有所不同。這兩種狀況你可以一方面從前面我所談到的情形來分析。但另一方面你也可從下面我所談到的『昌曲同宮』所代表的特殊意義來觀察。

一般在古代命書上指稱：昌曲同宮在命宮或福德宮時為『玉袖添香』的格局，表示是愛享福、愛享艷福、或齊人之福的格局。自然你也會想到，昌曲同宮的狀況其實是和情色桃花是關係匪淺的。

書上有云：『官臨文曜，號稱衣錦惹天香。』這是說，官祿宮有

文昌或文曲這兩顆文星，是可以錦衣玉食做到皇帝身邊的大官的。而文昌、文曲同宮在丑、未宮時，卻有了另一番解釋。事實上在人的『命、財、官』及『夫、遷、福』等宮有昌曲同宮的狀況時，都容易有女子做小、男子靠人吃軟飯的情況發生的。因為這些人喜歡舒適優雅的生活，但又不善於辛苦勞碌的工作。他們本身會桃花緣重，思想上也愛取巧，再加上相貌上也算美麗，就自然而然的運用天生的資源來尋找享福的港灣了。

昌曲同宮還不止在『命、財、官』及『夫、遷、福』有這些力量。**昌曲同宮時，在兄弟宮中**是兄弟中有美麗及有淫色活動的人。**在子女宮時**，是子女中有好色之人，子女也可能是桃花事件的產物。**在夫妻宮時**，配偶易是長相還不錯，但桃花多、好色之人。**在僕役宮時**，朋友中多是桃花泛濫之人。**在遷移宮時**，表示環境中會

是美麗、桃花多、人緣好，也易是帶有淫色活動及好享艷福的環境。這種環境包括了你的家庭，以及未來職業的趨向所造成之環境範圍。**在父母宮**時，表示父母桃花多（主要指父親），有時也會有家庭問題發生。因此昌曲同宮的格局，未必算是好的格局及好的狀況的。它會腐蝕人心、懶惰、不求上進。在我多年算命時光中，遇到許多位大學畢業，具有良好學歷的女子，具有這種昌曲同宮的格局時，常不工作，靠男友維生，或做小維生，在現今的社會中已是屢見不鮮了。

因此，文昌、文曲在人命格中原本是溫和，看起來力量不算大的星曜，實際上它也左右了每個人一生的命程和努力方向。對人來說，其力量也不亞於那些強勢的主星了。

第二節　文昌的特質與格局

文昌星五行屬辛金，是南斗第五顆星，稱為『文魁』、『文桂』，又名『文貴』。是專司科甲、名聲、功名、文學、名譽的星曜。

文昌為臨時貴人

文昌是時系星，**又為臨時貴人**，能遇貴人的時間，只有一個時辰之久。要看你的文昌星落於何宮，就是在何時辰可擁有貴人。例如在申宮，就是申時可有臨時貴人。如果在子宮，臨時貴人在子時。但文昌居陷時，也沒有貴人。因此這種時系星的臨時貴人常不易顯現，易讓人感覺不到他的存在。而且文昌所代表之貴人，必須在讀書或文質的事物上，或在須計算能力的事物上才會顯現，如果有文昌化忌或劫空、羊、陀、火、鈴等刑星同宮，也不易顯現。

文昌入命宮的特質

文昌單星居旺入命時，其人面色黃偏白，長圓型臉，或略帶長方型臉，中高型身材，先瘦後胖，是器度好、有風範、舉止儒雅、眉目清秀，具有學識的人。此命格的人，最容易坐命於申宮，其次是巳宮，要看對宮相照的星曜來定其人性格與命程起伏。但性格多半是具有略帶孤僻、耿直、略為剛硬的性格特質，桃花也並不如文曲坐命者多，易晚婚的。飛碟電台的董事長趙少康先生即是文昌坐命申宮的人。若是女命，縱然主富或主貴，人生都不算完美，易有健康上的問題或感情上的問題會影響人生幸福。

文昌居平陷入命的人，易窮困、粗魯、知識水準低，為奴僕、邪淫之人。女命文昌遇廉貪陀、或與擎羊、火星同宮為娼妓之人。

生時定文昌、文曲對照表

本生時＼星曜	文昌	文曲
子	戌	辰
丑	酉	巳
寅	申	午
卯	未	未
辰	午	申
巳	巳	酉
午	辰	戌
未	卯	亥
申	寅	子
酉	丑	丑
戌	子	寅
亥	亥	卯

文昌、文曲在十二宮旺度表

文昌和文曲皆在巳、酉、丑宮為入廟，且喜生在巳、酉、丑年入命之人。在申、子、辰宮為得地居旺。文昌在卯、亥、未宮為居平位。文曲在卯、亥、未宮為居旺。昌曲二星皆在寅、午、戌宮為居陷位。

文昌的特質

文昌在旺位時，在巳、酉、丑、申、子、辰宮，**在人的方面**，主相貌清秀、俊雅、美麗、有氣質、穩重，臉也會較白皙，舉止儒雅，性耿直，講義氣，有器度，好文藝，喜讀書，計算能力好，錙銖必較，知書達禮、知進退、思想有邏輯性、聰明、精明幹練、行動力快速、領悟力高、學習能力好、肯上進、明辨是非、重名譽，凡事講理、明理、知識水準高。好整齊、整潔，會把自己打理的一清二楚，井然有序，就連感情問題也會打理的整整齊齊，不會多惹是非，心性黑白分明，善惡自知，與人溫和相處，正派、風度翩翩、不邪淫，因此讓人感覺到似乎文昌的桃花少一點。其實文昌亦

有桃花，居旺時，是正派的人緣桃花。文昌單星居旺時，是上述現象。文昌和文曲同宮在丑宮時，雖也居廟，但是另一種特殊的桃花現象，不在此論，要另論。

文昌居旺，在物的方面，如房子、機關等，文昌代表附近有文具店、書店、文廟、學校、書香之家、報社、文化機構、學術機構、美麗又有文化氣息的房子，藝術殿堂、畫廊，具有知性的場所，裝潢美麗的房子和花園、高貴有價值的房子。也代表整潔、有秩序、舒適的房子。**在用品方面**，代表精緻、美麗、價值高、豐富與文化、知識、書香有關的物品，也會與享福、享受、精神層面很快樂相關之物品。文昌居旺代表與精神、物質雙方面都有關的物品。

文昌居平位在卯、亥、未宮，居陷位在寅、午、戌宮，在人的方面：

文昌居平時，主相貌平平、普通，不特別美麗，氣質也普通，但還算是溫和斯文、不浮躁的人。性格會隨同宮的其他主星有變化，如與武殺、紫殺同宮，會剛硬、性格倔強。如與文曲同宮在未宮，主桃花格局，但桃花會弱，不如丑宮的昌曲同宮的桃花強，享福也沒那麼多，聰明度是偏向偷懶的聰明，正事不算聰明，計算能力也不佳了。文昌居平時，其思想的邏輯性、知書達禮、精明幹練的部份也都較差。亦會在打理整齊、清潔方面能力差。亦會黑白善惡的介定，不是那麼清楚了。**在物的方面**，代表外表粗具模樣，但樣子普通，不算美麗，樣子平平，還可以看得過去的東西。外表不算整齊、清潔的狀況，但也不算太醜、太髒。此物品在文化、精

神、知識性方面都明顯的不算好。也是價值不高，可有可無之用品。亦代表文化水準不高、知識性不強，略帶粗鄙之場所。

文昌居陷時，在人的方面，代表醜陋、粗獷、不文雅，有草莽性質，或是臉黑、有鄉下人、鄉土氣息、粗俗、市儈、愚笨、粗糙、舉止狂佞、沒風度、沒文化、不愛讀書、知識水準低、頭腦糊塗、計算能力不佳、耗財、理財能力不好、不懂禮貌、不講義氣、是非不明、不重名譽、不整齊、髒亂、心性浮動、黑白不分、混亂、粗魯、性格不正派、多是非、人緣桃花少、不討人善歡、邪淫桃花則較多。做事不精明、不奮發、較懶惰，容易失敗或把事搞砸，行動力也較慢，易想非法或有不良的行為。也易把別人看成是不善意的人。

在物的方面，文昌陷落代表附近有醜陋、貧窮的房舍、環境不

佳。也代表自己的房舍醜陋、沒價值、不整齊、不清潔、亂七八糟、很雜亂，不會整理房子，會是破舊、欲倒塌之房舍，沒有裝璜或鄉下不值錢的房舍。亦代表周圍有不高級、沒文化的場所，如妓院、賭場之流的地方，或是有倒塌欲拆除的房舍建築。亦代表粗大、無用、不被人喜歡的醜陋、無價值的東西。

文昌在病理方面

文昌在病理方面，主大腸之疾病、肺部、支氣管炎、咳嗽、濕熱、痔瘡等症狀。居旺時，狀況輕、不明顯。居陷時，較嚴重。有化忌時，代表會生大腸癌、肺癌等病症。

文昌的格局型態

1.『陽梁昌祿』格

文昌星最重要的格局，就是『陽梁昌祿』格了。此格局少了文昌星便不成格局。但格局中，文昌的旺弱，或其他的星曜如太陽、天梁、祿星（化祿或祿存）等星曜的旺弱都不影響格局的成立。只要太陽、天梁、文昌、祿星這四顆星，位居於三合、四方宮位之上，就是完美的『陽梁昌祿』格了。另外也有一些折射而形成的『陽梁昌祿』格，但這種格局，就會因折射的關係，其人在讀書的過程或事業前途，就不是那麼順利直達高峰了。但仍是有機會再在人生的途中再回到讀書的正途上來的。

當命格中有『陽梁昌』三顆星，而沒有祿星在三合、四方宮位或在上述三顆星的對宮相照的宮位時，就表示你雖然仍然可去取得高學歷，但是你決不會應用你所學到的知識來賺錢的。你也容易半途而廢，不一定學得下去。最多唸到大學畢業就很不錯了。

命格中有完美『陽梁昌祿』格的人，會在人生中按部就班的讀書，具有高學歷，唸到博士順理成章。未來做公務員，或做企業、機關的負責人，也能得到財富，是財官雙美的格局。倘若有『陽梁昌祿』格，但沒有較高的學歷，甚至不喜唸書，這樣的『陽梁昌祿』格中必有瑕疵、剋害，也一定是不完美的格局，也可說是不成格局了。

當『陽梁昌祿』格中有化忌時，如有太陽化忌或文昌化忌，你容易在讀書時中斷，做事也容易半途而廢或中途改行。所以是有瑕

疵、不完美的格局。**『陽梁昌祿』格中任何一顆星，和一個天空或地劫同宮**，都無大礙，只是流年逢到時，會思想有些不實際而已。若是祿星逢到一個天空或地劫，是『祿空』或『劫祿』，會因『陽梁昌祿』格所讀的書或所得之學歷，是無法賺到很多錢的，也會因為有清高的想法，只喜歡唸書，而不願將讀書或學問和金錢多牽扯或掛勾。只能主貴，而無法學以致用而致富的。

『陽梁昌祿』格中，四顆星所代表的意義：太陽是官星，代表學業、事業、前途、光亮、寬闊的道路，與男性社會的競爭力，以及奮鬥努力奮發的力量。在『陽梁昌祿』格中，太陽居陷位時，表示在讀書考試的路途上，不是那麼光亮、平坦、奮鬥力會不太強，未來與男性的競爭力會較弱，但仍不影響讀書道路的順暢，和此條既定的道路。若格局形成，仍會自然而然的邁向此條道路上去的。

當然，太陽居旺時，讀書、考試、做公職或高成就，就容易是條康莊大道了。

天梁也是官星，代表事業、名聲、長輩運，上天蔭庇以及祖先蔭庇的力量、貴人運、高知識、高謀略、沈穩的智慧。**在『陽梁昌祿』格中，天梁居旺時**，就具有這種沈穩的、能得到金榜題名、做高官的智慧與上天及祖先蔭庇的力量。**若天梁居陷時**，這種沈穩的智慧會較差，名聲不太顯，上天及祖先蔭庇的力量不足，但如果格局能形成在三合宮位上，而不是折射過多的格局，還是會在既定的道路上，有所斬獲的。會具有天梁陷落的『陽梁昌祿』格的人，主要是『紫微在辰』及『紫微在戌』兩個命盤格式的人。而『紫微在辰』命盤格式的人，是連太陽都居陷的，但格局在三合宮位上形成，仍是不妨礙讀書、考試之路的。

文昌星代表智慧、文學方面的內含，也代表聰明的領悟力和學習能力，更代表精明的計算能力和邏輯性、歸納性等科學的、整理性、知識性、哲學性的思考方式，因此在學習艱深的學問時，能立即聰慧的領悟、瞭解，更能創造更優質的、超越性的、美好的知識、文化出來。所以文昌星在『陽梁昌祿』格中也非常重要，缺其不成格局。也因為有文昌，所以凡是有『陽梁昌祿』格的人，能在數理、科學、哲學、文學，所有的知識領域中，能順理成章的站上高位，努力有成。凡是世界上有成就的人，大多數有『陽梁昌祿』格。就像王永慶先生，雖只有小學畢業的程度，幼時家窮，未有讀書機會，但在他的命格中也有『陽梁昌祿』格，因此學習能力強，而能造成今日之成就。最後也擁有別人相贈之榮譽博士的學位了。

當文昌居陷時，會學習較粗俗的技藝或學問，學習能力也會趨弱，

思想會較慢，不實際或較笨。

祿星指的是化祿和祿存。在『陽梁昌祿』格中沒有祿星，是絕然不會太有出息的。祿星在『陽梁昌祿』格中是最後一個關鍵之星。有『陽梁昌』而沒有祿星的人，是讀了書，有了學歷而無用處的人。此格局中，『祿星』代表成果，也代表因學習、讀書考試而有的利益。倘若格局中沒有祿星，就是思想不實際，會人生走不對方向，易轉入其他的行業，或讀書半途而廢，或做些與原本所學無關的行業。因此祿星在『陽梁昌祿』格中很重要，它是一個結果，也是一種趨向成功的原動力，更是成功輔助人邁向高層次智慧發展，與名聲、成就等發展的按鈕、開關。當化祿所跟隨的主星居陷時，所得的錢財少。當祿存與陷落之星同宮時，也會所得的錢財少。但這兩種狀況仍會有財祿可進，不過努力的程度也會降低。所以在

『陽梁昌祿』格中四顆星缺一而不行。

（有關『陽梁昌祿』格的相關問題，請參考法雲居士所著《如何創造事業運》第213頁）

2. 『衣錦惹天香』格

書云：『官臨文曜，號為『衣錦惹天香』。』表示有文昌、文曲在官祿宮時，能做大官，有優質生活與高尚、有名譽、成就的事業。但必需昌、曲二星在旺位以上的旺度才行。若昌曲同宮在丑、未宮時，為桃花格局，問題就大了，『衣錦惹天香』，就成了因桃花淫色的關係，靠人給錢吃飯，穿豪華的衣飾，被人所包養的格局了。

昌曲、左右

3. 『昌曲夾墀』格

書云：『昌曲夾墀，男命貴而顯。』墀，指的是丹墀、桂墀。丹墀是太陽。桂墀是月亮、太陰。此指昌曲夾日月坐命的格局。這也是日月坐命丑宮時，生於申時或戌時的人，或日月坐命未宮，生於寅時或辰時的人所能擁有的格局。在這些格局中，如文昌在子宮居旺（為兄弟宮），文曲就會在寅宮居陷（為父母宮），如文昌在寅宮居陷（父母宮），文曲在子宮居旺（為兄弟宮），日月坐命未宮的人有此格局時，也一樣，無論如何，昌曲都是一旺一弱的情形。況且，日月坐命者的父母宮是貪狼、再加文昌或文曲星，皆主糊塗、政事顛倒與不合，因此對此人並無幫助。在兄弟宮有武府，再加居旺的文昌或文曲，兄弟都十分精明、較富有，在錢財上可資助其人一些，但因性格上有差異，未必能在精神生活上有多一點的交集。

並且昌曲相夾命宮，不在太陽、天梁的三合宮位上，無法形成『陽梁昌祿』格，其人是否能增高人生而主貴?是值得懷疑的。因此，此格局是否真的對人有用，或只是名稱好聽、虛有其格，是值得大家深思及考證的。

4. 文昌、破軍為『窮格』、『眾水朝東』格

書云：『昌曲、破軍逢，刑剋多勞碌。』文昌、文曲逢破軍為窮困的格局，也帶有水厄。流年、流月、流日、流時逢到，會落水而亡。且此格局中，不論文昌、文曲居旺或落陷，也不論破軍居旺或落陷，也不論在那一宮出現，只要二星相遇同宮或在對宮相照，皆有窮困和水厄現象。

『眾水朝東』格，是指文昌或文曲，在卯宮與廉貞、破軍同宮

者，稱之。凡文昌、文曲遇破軍，皆易遇水厄，主窮困，此格局仍是主窮困之格局，算是惡格。更易遇水而亡。

5.『粉身碎屍』格

書云：『昌貪居命，粉骨碎屍。』指的是文昌、貪狼居命宮，有粉骨碎骨之命運。事實上，文昌、貪狼在任何一宮位出現，皆是代表糊塗，政事顛倒，好貪不義之財，也易做不義或糊塗之事，易犯官非，有頭腦不清、講話不實在、虛佞的問題，也貪赧成性、膽大包天。貪狼、文曲同宮也是此現象，也同屬此『粉身碎屍』之格局。副總統呂秀蓮正是貪狼、文曲坐命辰宮的人，屬此格局，年輕時已坐過牢，正為此格局之代表。

6. 『富而好禮』格

古時以廉貞、文昌同宮坐命為『富而好禮』的格局，但此格局必須在申宮，二星同坐安命時，才能形成。此時廉貞居廟、文昌居旺地，可知識水準高，生性斯文，雖不能形成『陽梁昌祿』格，但自我要求高、氣質好、學習能力及智慧較高，而且財官皆富裕、高尚，有『富而好禮』的條件，如果在寅宮，則文昌陷落，為粗魯、好貪之人，就不會富而好禮了。在其他宮位時，廉貞皆居平、居陷，智慧較差，財富也不強，故無法形成此格局。

第三節　文昌的形式

文昌的型式

文昌居旺位和吉星同宮，例如和紫微、天府、天相居旺位、武曲居廟，太陰居旺、太陽居旺、天同居旺等星同宮時，都是對主星正曜有加分的作用，會更精明、氣質好、有文藝修養，也更增其美麗、細緻、頭腦聰敏的，有名聲、地位的。倘若文昌居陷和上述居旺的吉星同宮，則會有減分作用，也會使其粗糙、不美或變為普通，氣質會差，也無文藝修養，進財會減少、地位不高、計算能力會不佳、學習能力減弱，名聲、地位也減低。成就會下降的。

文昌和刑星同宮時

文昌和刑星同宮時，文昌居旺和刑星（羊、陀、火、鈴）同宮時，其人外表及性格上的斯文氣度是會減少一些的。但仍具有些微的斯文氣息，但會帶有內心奸詐、多謀的心機。

文昌和擎羊同宮

當文昌居旺、擎羊也居廟同宮時（在辰宮），會好競爭、多謀略，對人多疑、好計較。此形式中，是以擎羊較強勢，文昌為居輔的狀態。若此形式在『陽梁昌祿』格中，亦會影響主貴的運程。會半途而廢，中斷或改行、輟學，再讀書。**當文昌居陷、居平、擎羊也居陷同宮時**（在午宮或卯宮），是多陰險、頭腦笨、爭的只是一些

無關緊要的東西，爭的是小財小利而已。也會懦弱爭不到，或受騙上當吃虧。

當文昌居廟、居旺、擎羊居陷同宮時（在酉宮或子宮），還外表斯文，會裝腔作勢，假仁假義，好掩飾自己的無能，也會影響主貴的運程，半途而廢或改行、輟學等。

當文昌居陷、擎羊居廟同宮時（在戌宮），外表粗魯強悍、好爭鬥、計謀多，但易是損人不利己的計謀。性格自私，但仍不利於自己。

文昌和陀羅同宮

當文昌居旺，陀羅也居廟同宮時（在辰宮），此形式中陀羅較強勢。表示外表稍具斯文、性格頑固、有些笨、性格悶、話少，外表像是精明、多思慮、做事不乾脆、易拖拖拉拉，或是強悍的剛愎自

用，不聽勸告，也容易半途而廢，影響主貴的格局。性格自私。

當文昌居平、居陷，陀羅也居陷同宮時（在亥宮、寅宮），是外表形粗、糊塗、較笨，思慮不周詳，耗財多，還多鬼怪計倆，成事不足，敗事有餘的狀況。

當文昌居廟、居旺，陀羅居陷同宮時（在巳宮、申宮），是外表還斯文，對小事精明，對大事卻會出錯，大處不算，小處算的狀況。聰明的時候不多，只會用一些小聰明。性格自私。

當文昌居陷，陀羅居廟同宮時（在戌宮），外表粗魯、強悍、頭腦笨又好爭、頑固、多陰險和自以為是的聰明，也多半是損人不利己，會悶著頭跟人拚命的狀況。也會耗財多、因笨而吃虧、上當。性格自私，卻頑固的自以為是。

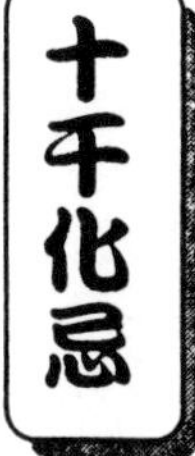

文昌和火星或鈴星同宮

文昌居廟和火星或鈴星也居旺同宮時（在巳宮或酉宮），表示頭腦聰明、外表斯文，性格衝動、急躁、沒有耐心，但內心有古怪的聰明思想，要小心因自做聰明走偏了路子，而影響主貴的運程，也易半途而廢，或中途改行或輟學。會聰明用的不是地方，也容易因一時衝動而犯錯。

文昌居旺和火鈴居陷同宮時（在申、子、辰宮），表示外表還斯文、精明，但會有古怪邪惡的思想，也會有不好的念頭，做些損人而圖利自己的事，其人較自私，但仍有自己意想不到的吃虧狀況，這全是自己性格太衝動浮躁的結果。

文昌居陷，火、鈴居廟同宮時（在寅宮、戌宮），表示外表粗魯、不美麗、性情又火爆急躁、計算能力不好，又有古怪的念頭，

常好像很聰明，但會做些笨事及損人不利己的事。會衝動的改行或半途而廢。耗財。

文昌居平陷、火鈴也居平陷同宮時（在卯宮、亥宮），外表普通不美麗，又有古怪的念頭，智慧及計算能力都不好，又性格衝動會敗事，耗財多，易一事無成。

文昌和天空、地劫同宮

文昌居廟、居旺和一個天空或一個地劫同宮時（在酉、辰、子、申等宮），表示有美麗的外型，但具有清高、不實際的聰明，能有奇特的想法和點子，但聰明而無用，沒有實際效力用途。計算能力很好，但常不用，仍會進財慢，及耗無謂的錢財，儲蓄的能力不佳。在做事方面，也是常有意想不到的漏失，無法盡善盡美。

文昌居平或居陷和一個天空或地劫同宮時（在寅、午、戌、卯宮），表示外型普通或粗俗、粗陋，計算能力不好，易腦子空空，用腦不多。頭腦笨、不精明、行動力差、進財不易，又守不住財，耗財多，企劃能力不好，易有不好的念頭，愛想不實際的事情，會有損失、破耗。

有文昌化忌時

文昌化忌居旺時，其人氣質、美麗的程度，與文質彬彬的外表都還美麗、不差，但偶然發生文字上、計算上的錯誤、糾紛，一發生就事情很大條了。也會計算利益的方式和價值觀和別人不一樣，有點古怪。亦會脫離正常人生道路，異途顯達，或中途改行、繞遠路，成功晚。

文昌化忌居陷時，其人長相粗俗、氣質低俗、相貌輪廓不清，容易讓人記不清楚長相。也會愚笨、頭腦不清、多惹是非、計算能力很差、理財能力不好，易窮困多災、周轉渡日。

文昌和官星同宮時

文昌和官星同宮時，**文昌居旺時**，能助官，就是能幫助事業的加速成長。會精明幹練、做事有方法、有條理、整齊而步步高升。會聰明學習、能力強，有人生正確的價值觀、知輕重、知進退、富而好禮、為人正派、工作高尚，在文職工作上可位至高階，能掌權做主，財官雙美。**文昌居陷和官星同宮時**，會耗官、劫官，會減低事業成功的層次。會愚笨、用腦筋少、做事粗略馬虎、不精細、升官慢、學習能力差，為人市儈，愛錢沒有方法，只愛錢、不愛做

事，好貪、又貪的難看，人生價值觀有扭曲現象。行為會粗俗沒禮貌，為人也不算正派，工作較低，會做粗重或繁雜、地位不高的工作，與文職工作無關。無法掌權，或掌權能力不佳，易遭災或受處罰，人生成就會減低。若文昌居平陷，官星也居平陷時，表示人較愚笨、懶惰、奸險、事業不佳、能力差，一生為無用之人，易遭災。

文昌和紫微同宮

文昌和紫微同宮，紫微是官星。**在子宮時**，紫微居平、文昌居旺，因紫微趨吉避凶的力量較弱，文昌雖居旺，但能助其增高的部份也不多。仍能外表斯文、計算能力好、精明幹練，工作成就普通、學業普通，易向文職及文藝性的工作發展。喜好享受和精緻、美麗的事物。**在午宮**，紫微居廟、文昌居陷，會外型長相粗壯，紫

微趨吉避凶的力量強，其人頭腦雖不聰明，計算利益的能力不好，做事粗略馬虎，但能受人敬重，處處化險為夷，能平復災險。會做與政治有關，不細緻、較粗俗、粗重的工作，人緣不算好，桃花也不多了，知識水準也會較低，容易只是一般普通人之命格。做武職較能有發展。有時仍會頭腦不清、不會理財、對事情沒有分析的能力。

文昌和紫府同宮

文昌和紫府同宮，**在申宮**，文昌居得地的旺位、紫微居旺、天府居得地之位，表示能斯文、美麗、精明幹練，對原本富足的環境，能再增高幾成。會做文質性又賺錢的工作。也會過優雅、高高在上、富足、美麗、有品味的生活。在工作上能掌財權，能高人一籌、事業順利。**在寅宮**，文昌居陷，紫微居旺，天府居廟。文昌會

減低及損耗紫府的財、官。會頭腦不聰明，做文職或文質性的工作做不好，只會做粗重、用腦不多的工作，雖也能賺到錢，但賺錢的數量較小、較低。也會因自做聰明，又理財能力不好，或計算能力不佳而耗財，或賺不到更多一點的錢財。文昌陷落會把紫府的格局拉得很低了。

文昌和紫相同宮

文昌和紫相同宮時，**在辰宮**，文昌居得地的旺位，紫微、天相二星也都在得地之位，故還算能替紫相增高地位，和增多福氣，亦能精明幹練、計算能力好，特別會理財，能增加財富，使財富的數目增高，也能更享福，做事有條理，為人斯文、美麗，受敬重、正派、地位高，生活富裕，能聰明的理財致富，會做文質工作，和財

經有關的工作。**在戌宮**，文昌居陷，紫相雙星在得地之位，外型粗、浮淺、不擅理財，價值觀粗陋，較笨、不聰明，生活過得去，尚能平順，財富少，剛夠生活而已，不算太富裕，享福也較少，較勞碌。做人有瑕疵，受人敬重的指數較低，會做較粗重、不細緻的工作，或雜亂的工作，升官不易，為人較懶惰。奮鬥力也較差，愛享一些粗俗的享受。

文昌和紫貪同宮

文昌和紫貪同宮，**在酉宮**，文昌居廟、紫微居旺、貪狼居平，其人外型長相美麗、斯文、氣質好、桃花多，會有政事顛倒、糊塗的情況，但對錢財很精明、計算能力好。一生會因桃花事件，或愛享福等問題影響，成就不高，但會對生活享受很要求。會有言語不實、重視自身利益、有自私想法。因為計算利益的能力好。**在卯宮**，文昌居平、紫微居旺、貪狼居平，其人計算利益的能力較低，價值觀會模糊、頭腦不清、政事顛倒、糊塗的狀況更嚴重一些，但能做文質工作做的好，有『陽梁昌祿』格的人也能有高學歷。但在生活上馬虎、粗糙、料理狀況不佳。愛享福享不到，有桃花，但不算強，是普通的人緣桃花。

文昌和紫殺同宮

文昌和紫殺同宮時，**在巳宮**，文昌居廟，會外型斯文、美麗、精明幹練、計算利益的能力好，努力有方向，不會做無謂的打拚，也會受人敬重，能在文職、文藝的工作上努力有成。為人聰明、穩重、有條理、知進退、成就會稍高。**在亥宮**，文昌居平，外型也能略顯斯文，但美麗程度普通，計算利益能力也普通，不特別聰明，成就也普通，只是一個凡事普通的人。

文昌、文曲和紫破同宮，是特殊格局，在第三章『昌曲同宮』時會談到。

文昌和太陽同宮時

文昌和太陽同宮時，不論二星的旺弱，只要再有祿存在三合四方宮位出現，或在折射的位置出現，都能形成『陽梁昌祿』格，是很容易形成格局的人。**在巳宮、辰宮**，文昌會居廟或居旺，太陽居旺，表示智慧高、聰明，事業和學業皆高。會精明幹練、奮發力強、計算利益的能力強，一生會不斷增高，能有大成就，富貴皆高。其人性格開朗，爽直、正派、穩重、斯文、有文質氣息，做事

有條理，會富而好禮、人緣好、知識水準高、學識豐富。**在子宮**，文昌居得地旺位，太陽居陷，其人外表斯文，但性格悶、不開朗、內心精明、計算利益的能力好，但運氣不佳，事業須慢慢做、慢慢往上爬，但成就普通，人生會有黑暗時期，為一普通人之命格。中年以後會懶惰。**在亥宮**，文昌居平，太陽居陷，表示頭腦不聰明、長相普通，事業成就不高，中、晚年不順。**在午宮**，文昌居陷、太陽居旺，表示價值觀薄弱、不精明、不幹練，其人也長相粗大，做事好大而無當，人生中容易有挫敗，有『陽梁昌祿』格的人，能異軍突起，不成格局的人為普通、成就不高的人。**在戌宮**，文昌居陷，太陽也居陷，為粗魯無用之人，頭腦愚笨，人生晦暗，易落入社會底層，文化水準不高，長相粗俗，易做邪佞之事而遭災。也易眼瞎、傷殘。

文昌和陽梁同宮

文昌和陽梁同宮，**在卯宮**，文昌居平，陽梁居廟，再有祿星在四方三合宮位，即是『陽梁昌祿』格，能靠學歷、考試、做公職、教職而人生增高，也會有富貴。外表長相還斯文、略有氣質。不成格局的人，易好讀書，但讀書對其人生的益處不大，或為窮儒色彩的人，或為中途轉業，人生起伏大的人。**在酉宮**，文昌居廟，太陽居平、天梁在得地的旺位。有『陽梁昌祿』格的人，亦能有成就及富貴，但中年以後，小心會心灰意冷。其人計算利益的能力好，長相也美麗、斯文、桃花多，亦要小心桃花會影響其人生成就。

文昌和陽巨同宮

文昌和陽巨同宮。**在申宮**，文昌居得地之旺位，太陽居得地之

位，巨門居廟，其人會外表斯文、聰明、口才好、好辯、計算利益的能力好，好計較、多是非、爭執，一生只是普通命格的人。有『陽梁昌祿』格的人，其人生能增高，也能有大事業。**在寅宮**，外型粗俗、頭腦笨、愛說損人不利己的話，是非多，做事不精細、計算能力不佳、不會理財，有折射的『陽梁昌祿』格的人，也能異軍突起，但好運時間不長，常會因自己自做聰明而敗事，一厥不振。

文昌、文曲、太陽、太陰同宮時，是特殊格局在第三章會談到。

文昌和天梁同宮時

文昌和天梁同宮時，**在子宮**，天梁居廟，文昌居得地之旺位，再有祿星在四方三合的宮位上，有『陽梁昌祿』格，有台綱之貴，

一生是主貴的格局，仕途平坦，事業好就能帶財，其人聰明、睿智、較正派，理財能力好，但不重錢財。能有一番大作為。是外型斯文、學者型的人。如果格局不成，沒有祿星在格局內的人，也能有中等的生活，剛正、清廉，是一個智慧高、有能力的人。**在午宮**，文昌居陷、天梁居廟，為一外表粗獷、言行較粗魯、多奸計之人。計算利益的能力不好，舌奸巧詐、好狡辯。

有『陽梁昌祿』格的人，仍能有學歷、有作為，但要小心自做聰明所引起的災禍。其人理財能力不好，計算利益的價值觀和旁人不同，容易有紛爭、是非，也易耗財，存不住錢財，一生所得財富也會較少。**在巳宮**，文昌居廟、天梁居陷，是外貌斯文、有氣質的人。此格局中有完美的『陽梁昌祿』格的人，能在文化性的工作環境中生存，成就、地位在中上等。沒有祿星在格局中的人，仍是不

見得會做文質工作，人生成就也較低，只是一般小市民的普通命格，喜奔走忙碌、不耐靜，但能理財、生活平順。**在亥宮**，文昌居平、天梁居陷，是長相普通，容易一生飄蕩、不安定的人，理財能力、工作能力都不強，人生多起伏不定，勞碌而無成就的人。若能形成完美的『陽梁昌祿』格的人，尚能有學歷，但易改行，四海飄泊，不太富裕。命格不成格局，或無祿之人，易飄泊勞苦，一生不富裕。

文昌、文曲、天梁在丑、未宮同宮時，是特殊帶桃花之格局，請看第三章的部份。

文昌和同梁同宮時

文昌和同梁同宮時，**在申宮**，文昌居得地之旺位，天同居旺、

天梁居陷，人會長相斯文、文質彬彬、氣質好、性格溫和、頭腦清楚、喜歡文質的事物或愛好文藝，較喜過優閒、優雅的生活，奮發力不算強。有折射的『陽梁昌祿』格的人，能有高學歷，一生過舒適、愛享福的日子。**在寅宮**，文昌居陷、天同居平、天梁居旺，人會長相較粗、較不好看，但仍溫和、勞碌，喜歡享福而享不到。文化水準低，理財能力不好，計算利益的價值觀不好，一生較波折，賺錢少，生活不富裕。能形成折射的『陽梁昌祿』格的人，能做公職，生活平順一點。

文昌和機梁同宮

文昌和機梁同宮時，**在辰宮**，文昌居得地之旺位，天機居平、天梁居廟，會外表斯文、美麗，有文質修養，計算利益的能力好，智慧較高，一般做薪水族，理財能力不錯，為普通人之命格。有折射的『陽梁昌祿』格的人，做公職，成就較高，也會學歷及文化水準較高，生活較平順富裕。**在戌宮**，文昌居陷、天機居平、天梁居廟，外表粗俗，有鬼怪思想，易做笨事，理財能力不佳，價值觀古怪，易耗財又不富裕。本身賺錢的智慧較低落，一生成就也較低，易做事半途而廢，講話不實在。

文昌和廉貞同宮時

文昌和廉貞同宮時，**在申宮**，文昌居得地的旺位，廉貞居廟，表示外貌還斯文、端莊、有氣質，文化和知識水準高，為人正派，是正派的人緣桃花。智慧高而沈穩、企劃能力好、允文允武、計算利益的能力特別精準，主增富。但也好享福、愛享受物質生活的樂

趣，為人較現實。在命宮時，是『富而好禮』的格局。但其人仍多謀遠慮，易有『偽善』之嫌。為人會較做作、不實在。**在寅宮**，文昌居陷，廉貞居廟，其人外表粗俗、好淫、桃花多、不知禮儀、文化低落、學歷低、言行放肆、愛想計謀，但都是些不正派、自做聰明的邪佞計謀，對其人生無利反害，其人會生活在較低層次的社會中，粗俗的過一般小市民的普通生活。此命格的男子與女子，皆易做與色情有關的行業維生，是為娼為妓之賤命。

文昌和廉府同宮

文昌和廉府同宮時，**在辰宮**，文昌居旺位，廉貞居平，天府居廟，表示其人外表斯文、皮膚白皙、性格精明、特別小氣、自私，精打細算、計算能力超好，非常愛錢，又能賺錢，錢財會增多，財

富一流，會非常有方法、有智謀賺錢，也能賺高尚、靠知識的力量賺錢。但此格局的人，沒有『陽梁昌祿』格，故一生不會求取最高的學歷，大學畢業已是不錯的了。其人較重視自身的利益，較自私、寡情，會不顧別人的死活，只要自己賺到錢就好了。生活型態是一般富裕的生活，較不會成為大富翁。此格局在財帛宮、官祿宮皆會稍為增加財富，也會精明的儲存能力好，只進不出，易做錢奴。**在戌宮**，文昌居陷，廉貞居平、天府居廟，文昌居陷會損耗天府的儲存力量，也更增廉貞居平思想的愚笨，故其人是頭腦不聰明、較笨，必會有笨事發生，使自己損失，或使自己的人生起伏多端，縱然曾賺到過錢財，仍會在錢財上有窘境。其人外表形粗、不美麗，或學歷低，身體、臉面多傷，為人較粗俗，文化知識水準不高，一生也多耗財，錢財和人生都有起伏、不穩定的狀況。計算利益的能力不佳，想存錢而存不到。一生的成就低，只為一粗俗的普通人命格。

文昌、廉相同宮

文昌和廉相同宮時，**在子宮**，文昌居旺位，廉貞居平、天相居廟，表示其人會較精明一點，計算利益的能力好一些，外表略斯文、長相好一點，做事能力強一些，也好享福多一點，能享到福，人生會更平順、舒服一些，財力增強，財富會增多，會愛好文藝之事，有蒐集的癖好，學歷普通，但性格上會懦弱一些，在錢財上精明，也會做事精明、有方法，擅於料理善後，整理東西，不好爭鬥。在智謀方面的才華都並不強。**在午宮**，會長相粗俗、頭腦笨，做事缺乏計劃，勞碌、愛享福卻享不到福，也會錢財較少、耗財多、知識水準低、沒有文化、更懦弱、不負責任，有邪佞思想，是笨、不實際又自食其果的人，一生多是非，也無解決的能力。

文昌、廉貪同宮

文昌、廉貪同宮時，**在巳宮**，文昌居廟、廉貪雙星俱陷落，其人外表還斯文、整齊，還不錯，看起來也聰明、伶俐，但頭腦不清，會政事顛倒，一生也能在文職方面工作，有時也能對錢財精明，但是對自己大方、對別人小氣的人。此命格的人，仍需在軍警業中做文職工作，較會有發展，能升官、有穩定的生活。此命格的人，大學畢業已不錯了，不會有太高之學歷。命中財多一點的人尚能自己謀生活，命中財少之人，易靠人過日子，或為寒儒色彩的人。其人一生多說少做，易頭腦不實際，做事進退無據、較懦弱，

只為普通命格的人。**在亥宮**，文昌居平，廉貪陷落，其人長相就更普通，性格更懦弱，頭腦不清、也不算聰明，會有政事顛倒、是非不明的狀況，計算錢財與利益的能力差、耗財多、又賺不到很多錢，是本命財少的人，一生無成就，也易有邪佞思想，言行不高級，好貪淫色之事。

文昌獨坐，對宮有廉貪相照時

文昌獨坐、對宮有廉貪相照時，**在巳宮**，文昌居廟，對宮的廉貪居陷，其本人還長相美麗、斯文，外表精明、伶俐，但也會頭腦不清、政事顛倒、性格略懦弱，因周圍的環境不好、人緣不佳、性格略耿直，能過普通人的生活，有工作就能有衣食，會做文職工作。一生發展較易受阻，不大。**在亥宮坐命**，文昌居平，對宮的廉貪居陷，其人外表長相極普通，言行潑辣，不算斯文，性格懦弱、頭腦易糊塗、是非不清、政事顛倒、人緣不佳，周圍環境不好，一生較無用，也較窮困，或靠人過日子，如有固定的工作，可有衣食，但一生財不豐。

文昌和廉破同宮時

文昌和廉破同宮時，都是主窮困、帶水厄的格局。**在卯宮時**，文昌居平、廉貞居平、破軍居陷，表示外表長相不美麗、性格懦弱、不起眼、為窮命，一生不富裕，思想也較笨，會有不好的灰色思想，為人不積極，常有病痛或內心懶洋洋，偶而才努力一下，其人出身環境就較窮，常有無力感，一生多災、不順，偶有好運，也不會把握，理財能力也不好，為人不精明。在文職方面的工作也不

順利。**在酉宮**，文昌居廟、廉貞居平、破軍居陷，仍為『窮命』格局，但其人長相較美麗，大眼大嘴，有西方美的美感，性格斯文，也能外表有氣質，耗財多，能賺錢又能花錢，錢財存不住，運好時，也能有財，運差時窮困潦倒，仍是一生不富裕，成就起伏大，人生是外表好看，內心貧乏的人。文昌、廉破同宮在各宮出現，都主窮和帶水厄。

※當文昌和廉貞、廉府、廉相、廉貪、廉破、廉殺等星同宮時，皆不會形成『陽梁昌祿』格。故其人不見得能有高學歷來幫忙人生的增高。

文昌和財星同宮時

文昌和財星同宮時，也要看文昌星的旺弱，居旺時，才能對財星助財增富。倘若文昌星居陷，則理財能力不佳，反而會劫財、耗財，使財星受到傷害、刑剋財星，而使人財富有損害及減少的。如果財星居平陷之位，財本來就少了，再加上陷落的文昌同宮，就會窮困。是故文昌也是一顆來規範及限制其人財富多寡的一顆星了。

文昌和武曲同宮時

文昌和武曲同宮時，**在辰宮**，文昌居旺、武曲居廟，代表其人性格剛直，對錢財精明，擅理財，外表斯文，會做文職的工作。但對宮（遷移宮）中是文曲居陷，貪狼居廟，故環境中是頭腦不清、政事顛倒、安靜、不熱鬧、才華不多的環境，其人也會口才拙劣、話少，有些做人做事不實在。更會只對自己好、對外人吝嗇，一生在財富上很會計較、會存錢，財錢並不太多。事業也會較保守，賺

一定小規模的錢財的人。因『陽梁昌祿』格不成格局，故也不會有太高的學歷。其人只是愛賺錢和愛算錢而已。

在戌宮，文昌居陷、武曲居廟，代表其人較粗俗，有市儈氣，理財能力和計算利益的能力不好，本身能得到的財富少一點。但遷移宮相照的是文曲居旺、貪狼居廟，故其人環境中多桃花、機會、熱鬧，且其人會口才好、言語不實、巧言令色、頭腦不清楚、黑白不分、政事顛倒，但能混水摸魚而賺錢財。易一生起伏，賺桃花財或靠人際關係來賺錢。

文昌和武府同宮

文昌和武府同宮時，**在子宮**，文昌居得地之旺位、武府皆居旺，其人會頭腦聰明、善於計算、理財能力好，外表斯文、吝嗇、

錙銖必較、非常精明，會有些自私、賺錢較多，會更會存錢，學歷也會稍高一點，表面上有文化水準，但『陽梁昌祿』格不成格局，也會因為太愛賺錢，不會求取最高學歷。因為文曲在戌居陷，又與破軍同宮，為主窮的格局，如果是『武府、文昌』坐命的人，文曲、破軍就在夫妻宮，因此是內心窮的格局，主富的先天思想就不足了，一生也不會太有錢。只是生活略豐而已。如果『文昌、武府』在財帛宮，則『文曲、破軍』會在遷移宮，則其人周遭的環境就是窮困之環境，手邊的錢財雖還富足、精明，但是在窮的環境中『窮打算』的財運狀況，因此也不富。若『文昌、武府』在遷移宮，則『文曲、破軍』為官祿宮，是周遭環境美麗、富裕，但其人在事業上會愈做愈窮，因此不做事還好，一做事業就敗家產，愈搞愈窮。如果『文昌、武府』在官祿宮，則其福德宮是『文曲、破

軍』，則其人一生操勞辛苦，在工作上雖能精明賺到更多的錢，但也會花費多、財來財去，無法留存住財富。

『文昌、武府』在午宮時，文昌居陷、武府居旺，表示外表長相較粗俗、不美麗，其人的文化水準較低，計算能力也會較差、不精明，錢財會有漏失，富裕程度會較少、較小。其人也會表面有錢，實際只是小康而已，而且也會耗財多，會有奇怪的投機思想，而得不償失。有此格局時，同時有文曲居旺和破軍在辰宮同宮，還是『主窮』的格局．因此當『文昌、武府』在命宮，其夫妻宮及所代表的內心世界就主窮。當『文昌、武府』在財帛宮，其周遭環境就是窮的。當『文昌、武府』在遷移宮時，其事業也會愈做愈窮。當『文昌、武府』在官祿宮，其天生福氣也是愈來愈窮、操勞奔波不斷，一生無福，財也存不住的。此『文昌、武府』因文昌陷落的關係，其財祿格局，是比前者為更少的。

文昌和武相同宮

文昌和武相同宮時，**在寅宮**，文昌居陷，武曲居得地的旺位，天相居廟，表示其人外表較粗俗、頭腦笨、不精明、理財能力有瑕疵，賺錢也不多，耗財多，本命財略少，愛享一些粗俗的福氣，工作能力也不太好，也沒有『陽梁昌祿』格，事業多起伏、會懶惰，但也會奔波勞碌，做一些自以為是享福，但對自己的前途無益的事，一生成就也較低，只是一般小市民的命格。因其文曲和貪狼同宮在夫妻宮，表示其人內心也是一種頭腦不清楚、政事顛倒、不實在的狀況，故思想會引導其人享財福不多。

在申宮，文昌居得地之旺位，武曲也居得地之旺位、天相居

廟，其人外表較斯文、享福較多、理財能力好、錢財也較能多進，為人較精明幹練、做事有方法。但夫妻宮仍有文曲居陷、貪狼，內心仍是口才不好、糊塗的狀況，文昌對其人的幫助只是外表美麗、斯文一點，做事有方法，對錢財精明一些，好整齊、清潔、能平順自己的生活而已，成就也只是普通一般。且無『陽梁昌祿』格，學歷也不會太高。

文昌和武殺同宮

文昌和武殺同宮，**在卯宮**，文昌居平、武曲居平、七殺居旺，表示其人性格略剛直，外表還斯文，但精明度不高。武殺是『因財被劫』的格式，較窮，文昌居平，計算利益的能力也不佳，故會向不重錢財，而重視精神生活方面努力，容易好高騖遠，或目標設定

上有問題，而不一定能達到。因文曲居旺和廉貪在財帛宮，在錢財上是頭腦不清、賺錢少、進財不易的狀況。如有人支持，或有人幫忙出謀略，倒是能不重錢財、利益做一番常人所做不到的大事。也因『陽梁昌祿』不成格局，要具有高學歷，必須加倍努力才能完成。亦會容易半途而廢。

在酉宮，文昌居廟、武曲居平、七殺居旺，其人會外表斯文、美麗，喜歡文質、美麗的事物，為人較精明，但仍較窮，喜歡賺錢，較會理財，愛算錢，但錢財仍不多，財運仍不好，也會在錢財上有糊塗不清的狀況。小錢可處理的好，大錢看不到。性格雖剛直，但有懦弱的一面。命格中也無『陽梁昌祿』格，只是一個略斯文、美麗的普通人命格。一生也較愛享福。

文昌和武破同宮

文昌和武破同宮時，都是主窮和主水厄的格局。**在巳宮**，文昌居廟，武曲、破軍皆居平，是外表美麗、斯文瘦型、性格懦弱的人。會思想不實際、清高，但在做事方面精明幹練，會做文職工作，只要有固定工作，一生也能生活平順，人生價值也會高，會有不同於流俗的清高思想，也能做賺錢不多或不賺錢的大事業。**在亥宮**，本命會財更少，因文昌居平，理財能力更差，更為窮困一些，且事業較多起伏、思想更不實際，本身能力不強，工作上會有糊塗現象，故成就也不高。

文昌和太陰同宮時

文昌和太陰單星同宮時，**在卯宮**，文昌居平、太陰居陷，是外

表普通，不算美麗，也不算斯文，且較窮、較溫和，理財能力也不好的人，其能力也不佳。但能略具溫順、文質的外貌，一生不富裕，會做文質的工作。**在辰宮**，文昌居旺、太陰居陷，會外貌斯文、較美麗、較靜、話少（因對宮文曲居陷），才華少，但較喜理財、算錢，為人精明，仍較窮、不富裕，但能打平及維持生活，較發奮努力。**在巳宮**，文昌居廟、太陰居陷，其人更斯文，美麗，在文職和文藝方面的才華好，也極易形成『陽梁昌祿』格，若有此格局的人，一生學歷會較高，也會做公職而生活愜意。無『陽梁昌祿』格的人，生活仍不平順，會較窮，一生多起伏不順。**在酉宮**，文昌居旺、太陰居旺，是外表長相美麗、斯文，理財能力好，才華多，又能具有『陽梁昌祿』格，一生財官雙美，有富足生活，生活品味高，一生快樂無憂的人。財富、房地產也會累積，能至大富的

人。**在戌宮**，文昌居陷、太陰居旺，其人是外表不太美麗、外形較粗、不細緻、脾氣壞、口才不好，理財能力也不好，計算利益的能力不佳，易常做錯事的人。會做薪水族、好享福，但會享些和吃穿玩樂有關、粗俗的享受。一生成就不高。**在亥宮**，文昌居平、太陰居廟，外表還斯文、美麗，易形成『陽梁昌祿』格，也會在工作上較順利，精明，好動，做公務員會有大發展。學歷也會增高。

文昌、機陰同宮

文昌、機陰同宮，**在寅宮**，文昌居陷，天機在得地之位，太陰居旺，外表長相較粗俗，人也會不精明、計算能力不好、不會理財，會減少其人命中的財俗，會做較粗俗、不細緻、東奔西跑的工作。一生多奔波勞碌，財不多。**在申宮**，文昌居得地之旺位，天機也居得地之旺位，太陰居平，表示本命財不多，但聰明，計算能力好，會理財，也會發奮努力，一生也較辛勞，也會因此能多賺一些，也多存一些。

文昌、同陰同宮

文昌、同陰同宮時，**在子宮**，文昌居旺、天同居旺、太陰居廟，表示外表特別斯文、美麗、有氣質、溫柔、有教養。得人疼愛、精明、會理財，財富會增多，文學修養也好，能做文質的工作增加財富和享受，一生也享受高尚精緻，文化水準高。能形成折射的『陽梁昌祿』格的人，會有高學歷，與財官雙美的人生。沒有『陽梁昌祿』格的人，也會因為美麗的外表長相而得到富裕的生活，一生快樂享福。**在午宮**，文昌居陷、天同居陷、太陰居平，會

長相粗、不美麗，也較窮、頭腦不清，計算能力不好，懶惰，一生勞碌，文化水準低，為窮困之人。

文昌、天府同宮

文昌與天府單星同宮時，**在卯宮**，文昌居平、天府在得地之位，表示略有斯文的外表，長相普通，也不太富裕、理財能力普通，人也不算很精明，但能做文職工作。此格局的人沒有『陽梁昌祿』格，故學歷也不高，文化水準也不算高，尚溫和而已。其人也一生不會太富裕，有工作，就有飯吃的命格。**在巳宮**，文昌居廟、天府居得地之位，其人長相較斯文、美麗，為人精明幹練，本命財雖不多，但會理財，也能儲蓄，會一生操勞，工作的職位不高，但能有積蓄而生活平順。**在酉宮**，文昌居廟、天府居旺，表示其人外

表美麗、斯文、教養好、文化素質較高、理財能力強、打拚的能力強，能用文職的工作為自己打拚到財富。一生善於儲蓄，能做金融方面的事業，能主富。**在亥宮**，文昌居平、天府居得地之位，略有斯文之外表，但智慧普通。

※文昌、文曲和天府在丑、未宮同宮，請看第三節昌曲同宮的解釋。

※文昌和紫府、廉府、武府同宮的解釋在前面已談過。

文昌和祿存同宮時

文昌和祿存星同宮時，雖然祿存在各宮位都是居廟的，但實際上祿存星還是有旺弱之分的，祿存五行屬土，在屬木的宮位受剋，如在卯宮是財略少的。**在寅宮**，因寅宮有丙火和戊土居長生之位，甲木居祿位，雖稍帶刑剋，但有丙戊生土，故寅宮的祿存是較旺

的。祿存屬土，在水宮虛浮，故在子、申、亥宮都不旺，**在酉宮**，是屬金的宮位，為硬土。祿存只有在巳、午兩宮位最旺。但祿存是『小氣財神』，所得之祿為有限之祿，要看同宮主星是否為財星、是否居旺，才能定財富之大小。

※祿存不會出現在辰、戌、丑、未四個宮位。而文昌在寅、午、戌等宮位居陷，在卯、亥、未等宮位居平，在巳、酉、丑等宮位居廟，在申、子、辰等宮位居得地之旺位。

故而『文昌、祿存』同宮時，在巳宮，會增加其財祿。但也要看同宮的主星為何而定是否能增加其財祿，也要看同宮的主星的旺弱才能定增加財祿的大小了。還有，在某些時候，祿存也會規範主星，使主星的財變小、變保守的狀況。這樣，文昌即使再聰明，在增財的部份也是不大了。**例如『天府、祿存、文昌』同宮在巳宮**

時，天府的財就被限制住了，此種狀況的解釋是：有精明會理財的頭腦，文化水準高、財運會順利，但只有小康，有衣食之祿的財富而已。

『**天府、祿存、文昌**』**在酉宮時**，天府居旺、文昌居廟，因天府居旺的關係，財祿較多，祿存也會限制天府的財，但限制得較小，而文昌的精明、善理財，會更增天府的財祿，故此格局會比在巳宮時的財富較多和大了。但這兩種格局都是份外小氣、吝嗇、愛計較，對別人一毛不拔，可是也會在做人手法上高明一些，不會那麼難看。

『**祿存、文昌**』**和紫殺同宮時**，祿存也會限制住紫微趨吉避凶、將一切平順和平復的力量。此格局中，祿存會限制住紫殺好打拚向上的力量，所以它只要打拚具有一點點衣食之祿的財就好了。

並且在這種小範圍之中精明就好了。『祿存、文昌、紫殺』在巳宮時，人還精明幹練，努力打拚足夠衣食富裕之財，生活平順。在亥宮，文昌居平，精明幹練又少了，故此格局的衣食之祿及普通的財富就會更低一級，雖然還是平順的、有衣食的，但只有中下等的層級了。

因此祿存和文昌同宮時，要看在那個宮位同宮，和那些主星同宮，會形成何種狀況，才能定吉凶及財多、財少。

※文昌和祿存同宮在寅、午、戌宮時，因文昌陷落的關係，都算是『祿逢沖破』的格局。會使祿存的財祿減少的。

例如：

文昌、祿存和紫府同宮**在寅宮時**，文昌居陷、祿存居廟、紫微居旺、天府居廟，祿存首先限制了紫府的財，會保守、小氣、財祿

變小了。文昌陷落又理財能力不佳，及耗財多，使紫府的財更受到一些刑剋。因此其人會外表長相粗俗、不美麗、長相普通，好像有一點財，但財是不大的、較小的。更會小氣吝嗇、性格保守、小家子氣、放不開、頭腦笨、不聰明，會用一些自以為會保財、守財的方法，但卻讓自己賺不到太多的錢，或『偷雞不著蝕把米』的狀況。其人最多只有普通的、過得去的衣食之祿而已，而無法主富了。**在申宮**的『文昌、祿存、紫府』，因文昌居得地之旺位的關係，其富裕程度比在寅宮時略高一些。文化程度也會高很多，在性格上仍會保守，理財能力較好，聰明、才學較高。但此兩個格局，不論在寅宮或申宮，會因命盤格式中在子宮或午宮有文曲、破軍，而形成主『窮』的格局，會因何事而破耗、主窮困，就要看『文昌、祿存、紫府』是在命、財、官、遷、福等宮位的何宮而定了。此處請

參考『文昌和武府』同宮的解釋可知。

當文昌、祿存、破軍同宮時，仍是『祿逢沖破』，主窮困的格局，當文昌居廟或居旺時，縱使有祿，也是窮困的祿，須有工作，能有衣食，但還是時常捉襟見肘的過日子。會過自以為高尚有氣質、以精神生活為主的愜意生活，是安貧樂道的生活。倘若不能安貧樂道，就會十分痛苦了。當文昌居陷、居平時，文質和做事能力不強，計算能力不好，破耗更凶，賺不進財，因此窮困的狀況會更嚴重。**當文昌陷落、祿存、破軍也居平陷時**，例如『文昌、祿存、武破』居亥宮時，這是壬年生的人，其實格局內還有武曲化忌是『文昌、祿存、武曲化忌、破軍』的格局，表示頭腦真的不好，外表普通，頭腦不清，有錢財上的是非與破耗，是十分窮困的格局了。此時，文昌和祿存都沒有優點了，祿存只是使人更保守、小氣、放不開，行動裹足不前，得不到財祿。而文昌居平，只和破軍形成『窮』的格局，外表也不斯文，非常普通或偏醜，內心也糊塗一片，無法清楚的做事，會造成負債，有官非的狀況了。

所以，**文昌和祿存同宮時，有兩個步驟**，首先祿存會先去規格化同宮星曜所顯示的財祿，使之變為保守、小一級，有一定範圍的財祿。再接下來，文昌再去規格上述的這種財。文昌居旺時，會將上述的財略為增大一點，這是因為頭腦精明和理財能力好，將財整理、理平順的能力所致，並不會增加的太多。當文昌居平、居陷時，居平時，文昌對上述的祿並沒有任何作用，最多做文職工作，但無法增財。文昌居陷時，會將上述的財減少及耗損，因理財能力不好，以及價值觀扭曲的關係所造成的。

倘若該宮是空宮，只有祿存和文昌同宮，祿存的財則會受對宮

的星曜影響，而有一定的財祿格局大小，就知道此祿有多大了。再看文昌的旺弱，看是能幫助祿星是增財還是耗財了。

文昌和化祿同宮時

化祿有十干化祿，如廉貞化祿、天機化祿、天同化祿、太陰化祿、貪狼化祿、武曲化祿、太陽化祿、巨門化祿、天梁化祿、破軍化祿等等十種化祿各自代表不同的財運。

文昌居旺時能增財，也能增加精明度，做事有方法，有條理，有規律性，奮發力強，有文學、文藝的修養，知識水準高，有學習能力，好學不倦，計算能力好，有邏輯性思考能力，非常聰明，智商高。

當文昌居旺和十干化祿同宮時，也要看化祿所跟隨的主星是什

麼？是財星？還是原本不帶財的主星，以及主星的旺弱而定文昌所能帶給該化祿星的條件是增旺，還是只是普通稍富裕的狀況。

例如文昌和武曲化祿、天府在子宮，文昌就能使『武曲化祿、天府』之財，更會增旺增多，而更會理財，有方法來理財致富，成為斯文、氣質好、有教養、學識淵博的理財高手而成為億萬富翁，又能過優雅、富足的生活。但『**文昌和武曲化祿、天府**』**在午宮時**，因文昌陷落的關係，理財能力不好，較笨和粗俗，會有不好的思想和價值觀，就會削弱『武曲化祿、天府』的財，會耗財、劫財，財富會減少了。

其他，如**廉貞化祿**主享受、艷福、蒐集之樂，帶不多的財。**天機化祿**主聰明和為人服務，做薪水族之財，帶財也不多。**天同化祿**主享受、享福，與自然而然的得財，不花勞力的得財。**巨門化祿**，

主靠口才圓滑而得財，得財也並不多。當文昌星居旺和這些帶財並不多的化祿同宮時，則主聰明、計算能力好，但更要看這些化祿星的主星是否居旺、居廟、坐何宮位，才能定出聰明、增能力、增財富、及能增加享受的等級和內容。

例如：廉貞化祿、天相、文昌在子宮坐命時，會外表斯文、美麗一些，桃花多、好享美麗的豔福與精緻的物質享受，而且夫妻宮有破軍化權、文曲陷落，內心主窮、小氣，會有不好的價值觀，強力要打拚會變窮的事情，此人可能就會好享艷福，專去找桃花情色之事，做人不實在，好高騖遠，無法在正事上有成就，喜歡投機取巧，想靠異性及情色之事來起家，終究做不成好的事業了。

倘若**文昌和太陽化祿或天梁化祿同宮**，就是十分完美的『陽梁昌祿』格了，能具有讀書運、考試運，能具有高學歷，也能做公職

或升官，在名聲、地位上一生較順利。此格局中，文昌即使是陷落的，只是自己本身不聰明、不靈光、學習能力不強，但人生還是在一定的、求學軌道上會順利運行，也還是具有考試運、讀書運，與未來的升官運的。你也會靠自己所學的，來賺生活之需的錢財的。

倘若**文昌和巨門化祿同宮時**，仍可有折射的『陽梁昌祿』格，也是能具有高學歷，可靠所學的東西來賺人生財富的格局。

文昌和天機化祿同宮時，也具有折射的『陽梁昌祿』格，也是可增高學歷，利用所學的東西來賺自己人生所需之財祿和財富的。但因折射的『陽梁昌祿』格，比正坐的『陽梁昌祿』格略弱，有時候其人會因其他的關係，如頭腦不清，或生活環境不佳，或因為旁人的關係，而錯失了讀書機會，走主貴的路途，而有閃失，但人生運好時，或行運到『陽梁昌祿』等四顆星的運程上時，你又會歸

隊，走上讀書學習而致用的道路上來了。

文昌和貪狼化祿同宮時，只有在『紫微在子』、『紫微在午』、『紫微在卯』、『紫微在酉』四個命盤格式中由子、午、卯、酉四方宮位形成『陽梁昌祿』格。因此『文昌和貪狼化祿』也只有同宮在子、午、卯、酉四個宮位時，能具有『陽梁昌祿』格，能以所學的東西對自己有用，能賺到錢。但是文昌和貪狼同宮是糊塗和政事顛倒的格局，是故其人常糊塗、是非不明，縱使人命中有此好格局，他也不一定會利用，常唸了一半而半途而廢，或不向更高的學歷發展，而浪費了此格局。

貪狼化祿是人緣、機會、情色桃花、異性緣、油滑、不實在。**文昌居旺、貪狼化祿也居旺時**，是風流文雅的情色關係，但也算是糊塗桃花。**文昌居陷、貪狼化祿居廟、居旺時**，糊塗的情色桃花，會為

你敗財、耗財。**文昌居陷、貪狼化祿居平，在寅宮時**，會好貪、貪不到，頭腦笨，易惹淫色桃花糾紛，沒吃到嘴而惹得一身腥。

文昌、紫貪化祿同宮在卯宮時，文昌居平、紫微居旺、貪狼化祿居平，有桃花，是糊塗桃花，亦容易有糾紛，但能平息。**文昌居平陷，貪狼化祿也居陷位**，如『文昌、廉貞、貪狼化祿』在亥宮同宮時，會淫色桃花不斷、糾紛多、人也不聰明，常重蹈覆轍，其人會油滑、不實在，愛貪小利、貪利忘義。

文昌和破軍化祿同宮時，不論旺弱，都是主『窮』的格局。破軍化祿是為自己想破耗、想花錢，想自我享受的東西，即使無錢來花，也要到處找錢來消耗、破費。**當文昌居旺和破軍化祿同宮時**，會為高尚、美麗、精緻的想法或東西來找錢破耗，這其中，你或許為的是清高、不實際的觀念或崇高的理想目標來努力，也可能只是為精緻美好的享受而找錢來花，而在一個較窮困的環境裡來完成自己的目標。自然你周圍的人會倒霉，而你自己是快樂的。文昌居旺時，你找錢來破費還容易，你會聰明而有計謀的來找錢，只是會負債而已。**當文昌居陷時**，你的理財觀念更差的，找錢不容易，也會為一些亂七八糟、毫無價值的事來找錢破耗，文質的修養也不夠，做事也無方法，是故也破耗更凶，自己也常沒享受到就已破耗掉了，吃虧很大，反而揹債很多，窮困潦倒。你是在一個更為窮困的環境中，來享受自己也搞不清楚的耗費，並以此樂。

文昌和太陰化祿同宮時，太陰化祿是薪水之財，也是浪漫、談情說愛之享受。當文昌居旺和太陰化祿居旺同宮時，例如在酉宮。文昌居廟、太陰化祿居旺，則你會外表美麗、斯文，具有高水準、精緻美麗的生活，在愛情上也重質、重量、會談精神與肉體合一的

快樂戀愛。你會生活富裕，愛情又順利，戀愛不斷，人生中能享受極豐富的物質與精神雙方面的愛好與快樂。**倘若文昌居廟、居旺、太陰化祿居平或陷**，例如在巳宮或辰宮時，你的財祿是薪水族，不太多的財祿，但會聰明的、理財能力不錯，生活能平順，你雖也喜歡談戀愛，偶而也談一下，但你主要是以精神生活為主，談戀愛也以柏拉圖的精神戀愛為主。較少有靈肉合一的快樂感覺了。**倘若文昌居陷、太陰化祿居旺**，例如在戌宮，則你命中的財祿會變少，理財能力不佳，人較粗俗，喜談一些粗俗的戀愛，愛的也不深，感覺較遲鈍，戀愛也會不順，會找不對好的對象來談戀愛。你還是會以薪水族來賺錢來過日子，但薪水不算多，工作型態也會較粗、不精細，不會是文職工作。**倘若文昌居陷、太陰化祿也居陷同宮時**，例如在午宮，文昌和天同、太陰化祿同宮時，你會較窮、又懶，理財能力不

好、頭腦較笨、粗俗、工作能力不好，此時天同居陷、太陰化祿居平，工作和享受是有一點、沒一點的，花的多、賺的少，常在窮困之間。在感情上也是粗俗、隨便，但也碰不到自己喜歡的人，精神上與靈肉實體都沒法享受到快樂的感覺。

文昌和運星同宮時

文昌和運星同宮時，運星是指天機和貪狼兩顆星。

文昌和天機同宮時，文昌居旺時，會更增加天機的聰明，和往上、向好的運氣方面的變化。因為人會特別聰明，具有才智及分析、理解、整理、歸納等邏輯思想，把一切好運往上推，因此運氣更增加往上的機會。也會愈變動、愈聰明、愈能掌握好機會。**當文昌居平、居陷時，天機居廟、居旺時**，例如在午宮或寅宮，則會又聰明

又笨、理財能力不好、邏輯思想與觀念不佳或有瑕疵而使機運有往下墜落的趨勢。**如果文昌居廟而天機居平，如在巳宮**，則本身聰明不足，運氣又往下墜落，但邏輯性的思考能力較好，或理財有方法，仍能在不好的機運中穩住陣腳，生活平順。但此格局的人，會表面看起來外表斯文、還美麗、動作慢、腦子慢、不算靈光。也會有自做小聰明，讓人啼笑皆非的狀況。

如果文昌居平、天機也居平時，如在亥宮，則其人頭腦不靈光，有些笨，外表普通，也不算斯文、長相瘦、運氣也不好、知識水準不高，要看三合四方宮位有沒有祿星（化祿或祿存）出現，有祿星出現的，就有折射的『陽梁昌祿』格，人生還能靠讀書求上進而得財，才有救。無此格局的人，就一生無大發展了。

昌曲、左右

文昌和貪狼同宮時

文昌和貪狼同宮時，都是糊塗、政事顛倒的格局。貪狼主好運、貪心。**當文昌居旺和貪狼居廟或旺位同宮時**，仍會對錢財和利益很清楚、敏感，具有邏輯性的思考能力，只是在某些是非、黑白或某些似是而非的觀念上，做事方法上拿捏不清楚，也會在某些事情上貪心太過，有貪污腐敗之事發生。但對好運的敏感力強，也精於趨吉避凶的第六感，。能在重要關頭而避禍。其人外表會斯文美麗、桃花也多，有異性緣，可受人敬重。**當文昌居陷、貪狼居廟或旺時**，例如在戌宮或午宮時，則其人的邏輯性、思考能力差，計算利益得失的能力差，理財能力也不好，頭腦糊塗、是非善惡不明，會貪一些不該貪的東西，外表也較粗俗，容易貪污遭禍。桃花也是以邪淫桃花為主，人緣關係還好，但易不受人敬重。

當文昌居廟、貪狼居陷時，例如在巳宮，有文昌居廟，廉貪皆居陷的狀況。是外表斯文，但懦弱，也可唸一點書，但成就不高，愛享福，對錢財精明，對其他的事情糊塗之人。做事也不想太花勞力，故打拚能力也不強。**當文昌居陷、貪狼居平時**，如在寅宮時，是既糊塗、愛貪桃花淫色享受，但也不一定貪得到，外型粗俗、頭腦笨、理財能力不佳，做事也粗糙、馬虎，有時還會好吃懶做之人。本命也不能形成『陽梁昌祿』格，故會是粗鄙、文化水準不高的粗俗之人。

文昌和福星同宮時

文昌和福星同宮時，福星有天同、天相兩顆福星。

文昌和天同同宮時

文昌和天同同宮時，文昌必須居旺，天同也必須居旺，才能精明、充沛的享到福，也能把很多事很有邏輯性的化繁為簡，或是很聰明的、自然的享福。也會享受到精緻、美麗、有高格調、有文化水準的福氣，而使福氣愈來愈好，能輕鬆的享福。例如在巳宮、申宮。

若文昌居旺，而天同居平、陷時，例如在辰宮。此時，會外表斯文、有教養、精明、學習能力高，而稍勞碌一點。但天同終究是福星，所以偶而也可享受一些精緻的、美麗的享受，或享一些精神層面的生活享受，例如有閱讀、文化的興趣等等。此格局中若能再有祿星形成折射的『陽梁昌祿』格的人，則會一生平順快樂，有一定的工作能力，能以所學來學以致用。學歷較高，人生會有成就。如果無『陽梁昌祿』格的人，一生為薪水族的人，人生層次較低。

如果文昌居陷而天同居平或陷位時，如在午宮或戌宮，是一生勞碌，又不聰明，又享不到福氣的人。本身較笨、外型較粗、財不多，人生層次不高。

如果文昌居平、天同居廟的時候，例如在亥宮，其人外表長相普通，不算斯文，頭腦也不算聰明、愛享福、較懶惰，做事不積極。有折射的『陽梁昌祿』格的人，仍能有一點學歷，有平順的、享福的生活。無『陽梁昌祿』格的人，則是一般小市民，無成就之人了。

文昌和天相同宮時

文昌和天相同宮時，天相是勤勞的福星，會理財、好整齊，能把一切打理好，能收拾殘局，能修補殘破之事物，也能做和事佬，

公正廉明、講求公平。但這些條件都必須是天相居旺位以上的層次才能達成。天相是印星，主掌權、掌官印，也必須是居旺位時，才具有權力。天相居陷或和羊、陀、火、鈴同宮，則刑印。但無論文昌和天相配合的多麼好，天相的對宮都有一顆破軍星，破軍和文昌相照，也是『窮』的格局，主水厄。因此當文昌和天相同宮時，也會較清高，只會在窮困的環境中理財了。若文昌陷落或天相陷落時，也就根本不會理財，就更加窮困、粗俗、無福了。因此，文昌和天相同宮則是不佳的格局。

文昌和刑星同宮時

文昌和刑星同宮，刑星指的是擎羊、陀羅、火星、鈴星、地劫、天空、化忌。

文昌和擎羊同宮

文昌和擎羊同宮時，文昌多少都會受到傷害，居旺時也都可能外表長相沒那麼斯文了，文藝、文質氣質的風格也不明顯了，或者是外表長相還斯文，而內心及文化素質並不高了。並且還會略帶有陰險奸詐、多計較、貪報、好競爭、計算利益的能力不佳，心懷不仁的人。縱使有『陽梁昌祿』格，也容易想東想西的，半途而廢，學習能力不佳，或轉行。

當文昌、擎羊和天相同宮時，包括和天相單星同宮，以及和紫相、廉相同宮時，都會形成『刑印』和『窮困』的雙重格局。天相和擎羊形成『刑印』格局，文昌和對宮的破軍形成『窮困』格局，因此都會生活窮困，又懦弱無能，說話做事沒有力量，也沒有擔當，容易被人欺負。

文昌居陷、擎羊居廟同宮時，內心會有不好及邪惡的想法，文化水準低、粗俗、強悍，會以武力相向，會計算利益的能力不好又蠻幹，耗財凶。

文昌居旺、擎羊居陷同宮時，內心精明，但懦弱，會見風轉舵，做人不講道義，善於精打細算及計較，但始終是人算不如天算，還是會有失算的一招。

文昌居陷、擎羊也居陷同宮時，內心較邪惡、懶惰，做事沒能力，但做損人又不利己的事很在行，敢做不敢當，會做了惡事又懦弱，偷偷摸摸的掩飾，為人不正派，較奸險不仁。

文昌和陀羅同宮

文昌和陀羅同宮時，即便文昌在旺位，其人都會較笨、動作慢

吞吞、思想頑固、想不開，會原地打轉，要很久才能理解事務和道理，學習能力差和慢，計算利益的能力不好，常有瑕疵、會耗財，或想些自以為是的理論，內心悶，又不吭聲，不肯說出心中煩悶的到底是何事。邏輯性思考受到阻礙。

文昌居旺、陀羅也居廟同宮時，例如在辰宮，其人會外表斯文，動作及思想慢半拍，性格強悍、固執，但有時也能聰明，在錢財上的計算能力不錯，須多等一些時間，才能發現他原來沒那麼笨。但仍會耗財或財慢進。

文昌居旺、陀羅居陷同宮時，例如在申宮，會有時聰明、有時笨，做事想很多，總是想到不好的方面去，會拖拖拉拉不積極，也會一時失算，耗財多，計算能力不算精明。

文昌居陷、陀羅居廟時，會外表粗俗，做事馬虎、粗糙、較

笨、又蠻幹、固執，對自己和別人都會造成傷害。常會計算能力不佳，或無計謀，易聽信別人的意見而失敗、耗損錢財，容易受騙，做出令自己後悔之事。

文昌居陷、陀羅也居陷時，會外表粗俗、又很笨，學習能力不佳，也不學習，會投機取巧、內心奸詐，正事做不好，做邪佞之事卻非常有興趣，常自做聰明而吃虧，也會陷害別人來得利，常害人不成反害己。

文昌、火星或文昌、鈴星同宮

文昌和火星或文昌和鈴星同宮時，火、鈴都會對文昌刑剋，使其變為粗俗，文質氣息不強或失去。火、鈴有怪怪的、不從正道的聰明、精明，會把文昌屬於正派的聰明和學習能力加以影響而排擠掉，因此會走向異途，不在人生正常軌道上運行，會造成人生的不順利。以及會突發奇想，而使人生遭難、有損失。也會影響文昌正常的精明，以及正常的計算能力和正常的邏輯性思考能力，而產生很多問題、不順。

當文昌居廟時，火、鈴居廟，在巳、酉、丑等宮位，性子急，外表還是有些粗俗，表示特別聰明伶俐，思想中有較古怪的想法，是好、是壞就要看當時的事件而定了。在讀書、考試、升官、進財方面是不利的，會半途而廢，或轉行，或有奇怪計算利益的方法，去得另外的、突發的不義之財，而使正財減少，終究還是有些得不償失的。

文昌居旺和火、鈴居陷同宮時，在申、子、辰宮，外表還斯文，內在性格粗俗、性子急，表面精明、聰明，但會有突發的、不

好的古怪聰明而影響原本的正事和利益，損失會較大一些。做事也會半途而廢，或走偏路，或一直是聰明的，但有一、兩件事自做聰明而傷害自己很大，就難再爬起來，使人生無力。會耗財，長久的精明，抵不過一、兩次的耗財凶，容易吃虧大。

文昌居陷，火、鈴居廟同宮時，外表笨又粗俗，對邪佞和不好的事常自做聰明，多半都耗財、計算能力又不好，會衝動的耗財，脾氣壞、沒有教養、學習能力不好，易受人鼓動而耗財，易遭騙。

文昌和地劫、天空同宮時

文昌和地劫、天空同宮時，若文昌和一個天空或一個地劫同宮時，問題還不算很嚴重，若有其他的主星為吉星同宮，也能壓制住那一個天空或地劫的空茫特性。但文昌必須居旺，主星為吉星也必須居旺才行。這表示你偶而會有不實際的想法，但大多數時間你還是外表斯文、精明、有主見，能進財的。但是你會在某些事情方面不想做，或有些錢財你不想賺。你會有自己特殊的想法和觀念，有自己的清高原則，但仍自己很明白自己所做的事會有什麼後果，或很知道自己會得到多少利益，會失去多少利益。

文昌居陷再有一個天空或地劫同宮時，是思想笨拙而耗財或失去機會。

※文昌只會和一個天空或一個地劫同宮，不會和天空、地劫雙星同宮。

文昌和化忌同宮

文昌和化忌同宮時，有兩種現象：一、是文昌本身帶化忌。

二、是文昌和其他的化忌同宮。

文昌化忌是文昌本身帶化忌，文昌化忌居廟、居旺時，表示異途顯達，聰明和精明古怪，有和平常人不一樣的聰明，而這種聰明有時也會造成自己的不順和負累。你會學習中斷或中途改行，或計算利益的能力有瑕疵，或自做聰明被誤，又再重頭開始，使人生的道路不順暢。也會發生文件、文字、簽支票、簽約上的是非麻煩。若在命宮，會在其人的臉龐上常有迷茫之色或有斑痕。

文昌化忌居陷時，表示粗俗又頭腦不清、較笨、愚鈍，計算利益的能力很差，工作能力很差，常有學習能力和做事能力方面的無能，多是非、易惹官非、懶惰、不積極、易遭騙，也易騙人被揭穿。

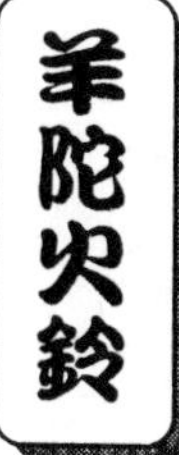

文昌和其他的化忌星同宮

文昌和其他的化忌星同宮時，要看在何宮位同宮，以及文昌和化忌星的旺弱，和化忌星所跟隨的主星為何，是何內容的化忌，才能解釋意義。

例如：

文昌和太陽化忌在子宮同宮時，文昌居旺，太陽化忌居陷，仍有『陽梁昌祿』格，但為帶化忌的『陽梁昌祿』格，而且太陽化忌是居陷的，因此會外表斯文，但頭腦不清，看起來外表聰明，實際不然。也會不走原來主貴的道路，或中途學業會中斷，做事半途而廢，一生事業不順，做做停停，常有無力感，人生會晦暗，需要高人指點，但他不一定會聽，心中常煩悶，人生成就不高。

文昌和太陽化忌在午宮同宮時，文昌居陷、太陽化忌居旺，會外表較粗、不斯文、頭腦不算聰明，但會有邪門歪道的聰明，也易有帶化忌的『陽梁昌祿』格（要有祿星在三合四方、對宮才算），若能形成格局的人，也能轉來轉去轉了一個大圈子，又走到與學術有關，原來所學的技藝道路之上。無法形成格局的人，會起起伏伏，即使地位高也做不久，因為你計算利益的能力不佳，又不夠正派的聰明之故。易有官非和工作上的是非糾紛。

又例如：

文昌和天機化忌同宮時，在巳宮，文昌居廟、天機化忌居平，是讀書的事和算錢的事精明一點，其他在工作能力上不行，你也會有奇怪的、自以為聰明的想法不肯做，所以會一生聰明反被聰明誤。別人看你是笨的。因為會有祿存同宮的關係，故能形成『陽梁昌祿』格，但你不一定會順利穩當的，走這條主貴的道路，若大運、流年運好，你或許會聰明一點，走對路，若流運不佳，你則會錯過使人生增高的路途，而一生不順。

文昌和天機化忌在亥宮時，文昌和天機化忌都居平，是特別顯得笨了。有折射的『陽梁昌祿』格，但你不見得會讀書，也不見得會學以致用，卻自有一套自以為是的古怪的聰明，會向另一種對自己不利的道路上走，一生無成就，也會學習能力不強，較懶惰，理財能力差，工作能力也差。

第二章　文曲的特質與格局

文曲星五行屬癸水，是北斗第四顆星。又稱為『文華』之星。主科甲、名聲，又主異途功名，及風騷文雅之宿。

文曲也是時系星，**也為臨時貴人**，能遇貴人的時間，只有一個時辰的功效。當文曲居陷時，也無貴人。文曲與空、劫同宮時也無貴人運。有文曲化忌居旺時，無貴人運，或有古怪的臨時貴人運，不一定有幫助，也許更有是非。此種文曲所代表之貴人運也常不易顯現。而且文曲所代表之貴人運，必須在口才上、才藝上、韻律感的事物上或名聲響亮、升官發財的事物上，熱鬧的場所中才會顯現，所以也不是那麼輕易就展現的。若有羊、陀、火、鈴、劫空、化忌同宮，也就不見得能顯現及擁有貴人運了。

文曲單星居旺入命時，其人會面色青黃、小圓臉，臉上易有痣或斑痕、胎記、中等身材或小巧，先瘦後壯、伶俐善辯、性格略孤僻，一生中易有桃花敗事之事件。文曲坐命的人，算是空宮坐命的人，要看對宮相照的星是什麼星而定其人的命格、運程。曾任國民黨秘書長（蔣經國先生庶出之子）的章孝嚴先生正是文曲坐命酉宮，而對宮有機巨相照的人。

文曲的旺度

文曲在巳、酉、丑宮為廟地，在申、子、辰、卯、亥、未宮為居旺，在寅、午、戌宮為陷落。

文曲星所代表的意義是：在人的才能方面，代表口才、才華，身體的韻律感，如唱歌、跳舞、音樂、說相聲、辯才，演藝方面的才華與聰明和一般生活上或玩樂上的知識，和科學、文學、哲學方面的關係較淺。文曲的桃花重，具有男女情愛、色淫、感情複雜、風流成性、心情起伏大、思想容易變遷等現象。文曲的風流不像文昌星，是無儒者風範的風流。

在事物與環境上，代表熱鬧、吉慶、升官進爵、進財。也代表閒情逸致、嗜好、癖好。更代表古玩金石店、文質有趣的商品店、新聞傳播事業（如電視台、廣播電台等）、辯論會、小水池、小坑洞、桃花多的地方、談情說愛的地方等處所，房子是有曲線型、小巧、可愛、有特殊裝潢的房子。

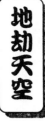

第一節　文曲的特質

文曲的特質

文曲在旺位時，在巳、酉、丑、申、子、辰、卯、亥、未等旺宮時，皆會口才好、愛說話、愛表現、人緣特佳、異性緣重、桃花多。也特別喜歡在唱歌跳舞方面來展現才藝，亦好穿著、好打扮、好享福，愛表現，享的是情色桃花的福氣。其人也特別愛熱鬧，常有人來瘋，人愈多、愈表現的興奮，無法控制自己，常有過火的演出。**文曲居旺坐命的人**，也會有幽默感，也易於見風轉舵，附和別人，或附和強者。他們一生易為桃花破耗。一、是身體方面的破

耗。二、是金錢方面的破耗。**文曲居旺坐命的人**，也會精打細算，聰明敏銳，高興時，亦能精明幹練，不樂時，就會較安靜、話少、也不愛動了。人少寂靜時，也不愛動。**文曲居旺加煞星同宮時**，如與羊、陀、火、鈴同宮時，會為人奸詐，強詞奪理。**文曲居陷坐命，在寅、午、戌宮入命的人，或在命格中**（指命盤中），都會口才較差、不善辯論，在音樂、舞蹈、運動方面的才藝不強，不好動，也會喜歡安靜的生活，有時對於太熱鬧的場合有所排斥。在人生中，桃花淫色的事件少。因為大多數的人，文曲居陷時，文昌必定居旺，因此你較喜歡有文化水準的活動，易遠離桃花淫色的場合。

因此，當命盤中，文曲是居陷的時候，也未必是不好的現象，只是你較不會走向與演藝、辯論、口才有關的行業上去，倘若不巧又走上這些行業中，那你的成績和成就，就無法預期太高了。**倘若文曲**

居陷在『命、財、官』及『夫、遷、福』等宮位時，在『命、財、官』時，你的口才鐵定不好，會賺錢較少，以及升官不太順利。在人生中想成名，也不會因好事成名，或根本不會成名。**在『夫、遷、福』等宮時，在夫妻宮時**，是內心不想成名，也不想表現，你會找個口才拙劣和你一樣的人做配偶。**在遷移宮時**，代表周圍很靜、不熱鬧，你可能喜過山林寂聊的生活。你的口才也不好，才華不多，不喜熱鬧，一生功名成就也不高，機會也不多，喜歡孤獨自處。**在福德宮時**，你天生不愛講話，也不喜熱鬧，才華少，也天生的財運是較差一點的。一生出名的機會少，也容易錯過好機會的。

在『斗數發微論』中有云：『昌曲在凶鄉，林泉冷淡，奸謀頻設。』林泉冷淡即是周圍冷清，上述出名的機會較少，人也易孤獨、沈默、不愛講話、人緣不佳、少與人來往之意了。

有關於『奸謀頻設』一意，指昌曲居陷時，較笨，易有不好的想法，會於人於己兩不利。例如天梁、文曲在午宮坐命的人，多謀略，但也會有損人不利己的謀略，且多奸詐的謀略，話少、沈默、多思慮，在命格與運程上也不會太高了。倘若天梁、文曲坐命子宮，雙星在廟及旺位，就有『位至台綱』的人生機會了。因為遷移宮的太陽也居旺，這是完全不一樣的人生格局的。

第二節　文曲的格局型式

文曲的格局型式

1.『桃花滾浪』格

此格局是指命宮有文曲獨坐，在卯、酉宮坐命，或居巳、亥宮有廉貪相照時稱之。形容桃花事件是一波波的進行，彷彿如波濤滾浪一般。因此其人一生多淫色事件。凡是命格中桃花太強的人，皆會影響到其人一生的運程，會愛享受艷福，喜不勞而獲，在事業或學業上的打拚力量不強，也易常因戀愛或桃花事件影響到人生的成

就不高。

2.『蟾宮折桂』格

當太陰居廟和文曲居旺同宮於亥宮，又為夫妻宮時，稱為『蟾宮折桂』格。有此格局的人，男子可因娶賢妻而地位增貴，且能擁有妻財。女子可擁有前程遠大、地位尊貴的夫婿，而受封贈。這既是夫妻合諧，家族光耀、興盛的格局，也是財官雙美的格局。

3. 太陰、文曲為『九流術士』之格局

當命宮有太陰居陷、文曲居旺在卯宮時，為『九流術士』之格局。因為太陰居陷，會較窮，而文曲居旺，有口才，而其人多半會有窮困或身體上有傷殘現象，或眼睛的狀況會發生，但口才好，故

是老天爺賞飯吃，其人能靠算命維生。

4. 曲遇梁星，位至台綱的格局

當天梁在午宮坐命，文曲在子宮和太陽同宮為遷移宮，或天梁和文曲在子同宮坐命，而遷移宮有太陽居旺的格局稱之。此格局極易形成『陽梁昌祿』格，若有祿星同在對宮及三合宮位上，具有完整的『陽梁昌祿』格的人，較易有層次較高的人生、位至台綱，能做到部會首長的位置是較容易的。倘若有『陽梁昌』而沒有祿星在格局之內的人，還是一生多波折，成就也會不算高的。

5. 『眾水朝東』格、『窮』格

當文曲和破軍同宮於卯宮和寅宮時，稱為『眾水朝東』格，亦

是『主窮』的格局。文曲和破軍同宮於卯宮時，文曲是和廉破居陷落同宮。當文曲和破軍在寅宮同宮時，破軍是單星居得地之位同宮。因寅、卯二宮代表東方，文曲五行屬水，破軍亦屬水故稱之。文曲與破軍同宮或相照於其他的宮位就不能稱為『眾水朝東』格，但仍主窮困和水厄。

6. 『粉身碎屍』格

文曲和貪狼同宮，會糊塗、政事顛倒、頭腦不清，貪赧成性，膽大包天，亦會有官非或貪污之事而遭災，故為『粉身碎屍』格。

第三節　文曲的形式

文曲的型式

文曲居旺位和吉星同宮時，都是對主星正曜有加分作用的。會更伶俐、圓滑、手腕高明、有幽默感、桃花多、有口才、有辯才、巧言令色的方法，或是有韻律感的才藝、柔軟的身段、善於看人臉色，也善於製造熱鬧的氣氛和掌握氣氛，來使自己得到錢財、名聲和地位。

當文曲居陷和吉星正曜同宮時，會對主星正曜有減分的作用。會桃花減少、較笨拙、手腕拙劣、不伶俐、口才不佳、才華不好、

不易顯露、沒有才藝、身段僵硬、不會察言觀色，也不會製造氣氛、較靜、不想爭辯，會冷場，或使環境中氣氛不佳。錢財、名聲、地位和喜慶之事都較少或無。

當文曲居旺和刑星（羊、陀、火、鈴、劫空、化忌）同宮時，會刑剋文曲、使才華少、口才尖酸刻薄，或有理說不清，或有理也說不出來。或是有古怪的想法，表現怪異的言詞、才藝，使別人不敢苟同。

當文曲居陷與刑星同宮時，是愚笨、沒有才藝、才華、內心險惡奸詐、多設陰謀，損人又不利己的。也會自食惡果，而自己無法辯白的。

文曲和官星同宮時

文曲和官星同宮時，**文曲居旺時**，能助官，就是能幫助事業加速的成長和得到好名聲、高地位。會有熱鬧吉慶之事，升官較容易，也會人緣桃花強，聰明靈巧，會做討人喜歡的事，愛享福，善於察顏觀色，會巴結長官和上司、長輩。在錢財方面也會熱鬧滾滾而進財。**文曲居陷時**，會耗官、劫官，會減低事業成就的層次。也會較愚笨、表現能力不佳、少用腦子、做事馬虎、粗俗，較市儈或心窮、人緣差、自以為清高、桃花少，不會巴結人。自己所想的目標達不到。反應遲鈍，笨手笨腳，在歌唱、舞蹈、用嘴、用身體動的韻律感方面差，也會少運動、進財少，易遭災或無法出名，也易受處罰，若在『命、財、官』三合宮位內，一生的成就會變低，也

易為奸險之人。

文曲和紫微同宮時

文曲和紫微同宮時，**在子宮**，文曲居旺、紫微居平，紫微趨吉避凶的力量較弱，故只是一個愛講話、口才流利的普通人命格。文曲又和對宮的貪狼形成糊塗、政事顛倒的格局。所以此人雖愛講話、口才好、常講糊塗話，對自己的利益不大，會愛享福，做事取巧，但對人生成就方面不一定有益。**在午宮**，文曲居陷，紫微居廟，其人會口才不好、較靜、話少，反應慢、頭腦也會稍慢一些，因對宮有貪狼相照的關係，也會頭腦糊塗、政事顛倒。但紫微能趨吉避凶、平復一切的不平順，但無法成名。升官、升職會較慢。一生也才華較少、不靈光，在財富上也會減少。

文曲和紫府同宮

文曲和紫府同宮時，**在申宮**，文曲居旺、紫微居旺、天府在得地之旺位。表示桃花多，做人圓滑，能增加財富，也會多才多藝、有多方面才華，口才佳、手腕高明，職位能升高，能多進財，會在熱鬧的地方進財增富，為人聰明伶俐。**在寅宮**，文曲居陷、紫微居旺、天府居廟，表示桃花少、人緣不佳、才藝不佳、沒有才華，周圍較冷淡、不熱鬧，會減低財富，會有耗財現象，理財能力不佳、口才差、較靜、不喜熱鬧，為人稍笨、不伶俐、不愛動，也無法出名。

文曲和紫相同宮

文曲和紫相同宮時，無論在辰宮或在戌宮，都因對宮有破軍、

文昌相照，彼此形成主窮困、帶水厄的格局。其人只是口才還不錯，外表長相還算普通的體面，但會一生沒錢，過不富裕的生活。

文曲、紫相在辰宮時，文曲居旺、紫相在得地之旺位，表示本身口才好、穩重、外型粗、愛講話，但對宮的破軍居旺、文昌陷落，外界環境較窮、又粗俗、破爛。因此其人會生活在窮困、較低文化水準的環境之中。**文曲、紫相在戌宮時**，文曲居陷、紫相在得地之旺位，表示本人口才差、較笨、較安靜、話少，會悶聲不吭、較懦弱、不易出頭。但對宮的文昌居旺、破軍也居旺，表示其人外界的環境是文化水準高，清高、不實際的環境，因此其人也會有清高、進不了財、不易進財，一生不富裕，但精神生活卻很富裕的人生。

文曲和紫殺同宮

文曲和紫殺同宮，**在巳宮**，文曲居廟，表示其人口才好、好表現、喜擺龍門陣，善於推銷自己，做事積極，人緣比普通紫殺坐命的人要好一點，但其三合宮位中之官祿宮有文昌和廉破同宮，亦是主窮的格局，會做清高、賺錢少之不富裕的工作。故一生理想高，才藝多，但只有小康之衣食之祿，亦為普通人之命格。**在亥宮**，文曲居旺、紫微居旺、七殺居平，口才和才華都還好，人緣也還好，三合宮位中亦有文昌居平和廉破同宮，文化水準也不高，一生之生活和命格就更次一等了。

文曲和紫貪同宮

文曲和紫貪同宮時，**在酉宮**，文曲居廟、紫微居旺、貪狼居

平。文曲和貪狼形成政事顛倒、糊塗之格局，其人桃花多、口才好，也易因頭腦不清而敗事或成就不高，但也可由紫微來平復麻煩。此形式中，在三合宮位有文昌和武破同宮，也是主『窮』的格局，但本宮文昌居廟，故也會有清高、不愛財、不會賺錢，或理財能力不佳，會有糊塗之事。**在卯宮**，文曲居旺，也同樣是頭腦糊塗、政事顛倒的命格，口才不算好、才華也不多，三合宮位中亦有主窮的格局，故其人一生的成就與食祿用度也比前者更少了。

文曲和太陽同宮

在巳宮，文曲居廟、太陽居旺，文曲能增加太陽主事業的才華與蓬勃的、熱切的行動力、愛熱鬧及出風頭。因對宮有巨門居旺相照，也會特別有口才，心急、是非多、想要做好事業、創造名聲，

使名聲大噪。並有使自己周圍環境氣氛熱鬧起來的力量。因三合宮位在酉宮有太陰居旺、文昌居廟，三合照守，若再有祿星，就可形成完美的『陽梁昌祿』格的人，讀書致仕，一生平順。無『陽梁昌祿』格的人，會做與美麗、精緻、講究氣氛、高雅、浪漫的行業，如開咖啡館或精緻家飾用品店等。

在辰宮，文曲居旺、太陽也居旺，但對宮有文昌陷落、太陰居旺相照，此人為口才好、性格開朗、聲音大，但外表不斯文，善言語，但無內容的人。其人的環境也不算富裕，計算能力也不會好，能做一般的薪水族。能形成折射的『陽梁昌祿』格的人，有機會多讀書、上進，也能有稍好的人生，否則只會為一般小市民的普通生活和命格。但文曲仍有助於太陽在事業上積極、努力往上爬，愛表現，但是在一種財不多的、地位不高、較粗類型工作的薪水族層級

中努力。

在午宮，文曲居陷、太陽居旺，表示性格還寬宏，但口才不好、才華少、較靜、不愛表現、脾氣較剛直，也易說錯話。有居旺的文昌在申宮和天機居得地之位、太陰居平同宮於福德宮，天生的財祿不多，但仍精明，內心有文質氣息。如能形成折射的『陽梁昌祿』格的人，仍有機會增高人生。不能形成格局的人，命格較低。此命格的人，本身桃花少、人緣較差，會略孤單，也不易出名，做事易無結果和成就。

在子宮，文曲居旺、太陽居陷，其人口才好、桃花多、性格內斂。做幕後的工作較好，事業有起伏，不易彰顯。但長期努力仍有出名的一天。但因文昌在戌宮與居平的天同同宮，是夫妻宮，表示內心的想法較粗糙、不細膩，故易勞碌，無所成。有『陽梁昌祿』

格的人，仍能靠讀書上進而生活平順。無格局的人，易無成就和辛苦無所得。

在戌宮，文曲居陷、太陽也居陷，表示口才不好、才華也無、性格悶、易孤獨，易躲在人群後面，一生事業不彰顯，成就不高。而且對宮有太陰陷落、文昌居旺相照，表示環境是較窮，但斯文、略有文化氣質的，溫和的，也能稍稍料理整齊的，所以會生活在不富裕的環境中，也會有別人來幫助他打理生活，使之平順。

在亥宮，文曲居旺、太陽居陷，表示口才特別好，多是非，事業運不佳，有文昌居平、太陰居陷在卯宮為官祿宮，會有好高騖遠、不實際的想法，做一些賺錢不多、普通的工作，可做推銷和保險業的工作，但人生成就不大，只是一般小市民的命格。

文曲和陽梁同宮

當文曲與陽梁同宮時，**在卯宮**，文曲居旺、陽梁居廟，其人口才好、桃花多、升官快。在三合宮位之亥宮有太陰居廟、文昌居平，若有祿星在三合或四方宮位出現，就會有『陽梁昌祿』格，一生能主貴，也易做大事業，有高學歷，會賺文質財多的錢財，人生成就高、易出名。**在酉宮**，文曲居廟、太陽居平、天梁在得地之旺位，口才更佳。在巳宮有文昌居廟、太陰陷落，有『陽梁昌祿』格的人，仍有出名之機會，但本命財不多，又易在中年有怠惰現象或起伏不順，亦會從事其他行業或改行，能成名之機會也是曇花一現的狀況。但桃花多，可做服務業。

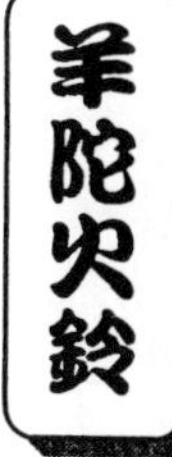

文曲與陽巨同宮

當文曲與陽巨同宮時，**在寅宮**，口才不佳，易惹禍、多是非，外表不斯文、人緣不好、較孤獨。但文昌在子宮與同陰居旺廟同宮於夫妻宮，表示內心細膩，溫柔多情。若能結婚的人，會有美麗、溫柔的配偶，婚姻幸福，一生也能快樂平順。**在申宮**，文曲居旺，口才較好，人緣略佳，有桃花，但易多是非。夫妻宮有文昌陷落、同陰居平陷，故內心窮又粗俗，也不易結婚，易做人不實在，多說少做。凡文曲和陽巨同宮的人，皆無太大的事業成就。

文曲和天梁同宮

文曲與天梁同宮，**在子宮**，文曲居旺，天梁也居廟，會增加天梁的名聲，多智謀、好辯、口才好、桃花多、好表現、名聲可增

高。因在寅宮（福德宮）有文昌陷落，表示天生頭腦中有奸詐思想，也會不實際。計算利益的能力不好，故要小心。此人能出名，升官容易。**在午宮**，文曲居陷、天梁居廟，表示口才不好，也會多奸謀鬼計、不愛表現，有文昌在申宮居旺為福德宮，計算利益的能力佳，也能在文職工作上發展。但仍以有『陽梁昌祿』格完備的人，一生成就較大，學歷也會較高。**在巳宮**，文曲居廟、天梁居陷，口才好、性格懦弱，因在酉宮有文昌居廟，三合照守，亦能有『陽梁昌祿』格，但須有祿星入格，才能有較好的發展。**在亥宮**，文曲居旺、天梁居陷，能口才好、桃花多、人緣好。在卯宮有文昌居平來三合照守，若再有祿星入格，能形成『陽梁昌祿』格，能具有高學歷，人生會平順。無祿星入格的人，會一生起伏，沒有成就。凡文曲、天梁在巳、亥宮坐命的人，人生易飄蕩、奔波。東奔

西走，亦好玩樂。

文曲與同梁同宮

文曲與同梁同宮時，**在寅宮**，文曲居陷、天同居平、天梁居廟，是口才不好、才華少、較靜、較勞碌的人。因文昌在子宮居旺與巨門同宮，位於夫妻宮，內心精明多計較，也會自命高尚，喜清高、精緻的事物，故會價值觀古怪一些，也會使人生中可賺的錢較少一點。**在申宮**，文曲居旺、天同居旺、天梁居陷，是口才好、玩樂的才華多，愛享福、桃花多，做事卻不積極努力的人。因文昌在午宮居陷和巨門同宮在夫妻宮，會計算能力不好，內心多是非糾纏，但做娛樂或演藝工作會較好，能出名。一生會做做停停、賺錢不多，或靠別人養活。

文曲與機梁同宮

文曲與機梁同宮，**在辰宮**，文曲居旺，機梁也代表口才好、善出計謀，故文曲與機梁同宮在辰宮時，言語會不實，但口才好，喜歡幫別人出餿主意，但不負責任。因對宮有陷落的文昌相照，故環境粗俗，其人也會粗俗和計算利益的能力不佳，易投機取巧。若能形成折射的『陽梁昌祿』格的人，也能靠口才哄騙而人生有上進的機會。無『陽梁昌祿』格的人，一生成就不高，只是小市民的普通命格。**在戌宮**，文曲居陷，代表其人口才不佳、才華不佳，但對宮有居得地旺位的文昌相照，環境還文質氣息濃厚，會做文職的工作，有文質的生活，但一生難出名。有折射的『陽梁昌祿』格的人，能做文職謀生，但一生財富也不多，較窮。

昌曲、左右

文曲和廉貞同宮

文曲與廉貞同宮時，**在寅宮**，文曲居陷、廉貞居廟，會口才不好，惹人討厭，愛講不討人喜歡的話，多奸險計謀，易不得逞，桃花是邪淫桃花，會因桃花耗財。做人不實在、易講不實在的話，也易騙人。**在申宮**，文曲居旺、廉貞居廟，口才好、桃花多、善於哄騙別人，但容易得逞。其人會油滑不實在，但能因桃花得名利。

文曲、廉相同宮

文曲、廉相同宮時，文曲會和對宮的破軍，形成主窮困，帶水厄的格局，文曲和廉貞又形成油滑、言語不實的形式，故不論在子宮或午宮，皆會窮困、不實在、油滑，人生成就不高。只不過。**在子宮同宮時**，會口才好、好狡辯、好騙人。**在午宮時**，口才差、更

笨、更窮、騙別人，別人也不相信。

文曲、廉府同宮時

文曲、廉府同宮時，**在辰宮**，會口才好，但言語不實在，能用口才、技藝賺錢，但對宮有陷落的文昌和七殺相照，表示會在一種文化層次低落的環境中打拚，也會計算能力不好，賺錢可夠衣食，不會太多。**在戌宮**，文曲居陷，口才不佳，頭腦易不清，也沒有才華，容易耗財，不容易出名，但對宮相照的文昌居旺、七殺也居廟，故會在一種文化格調稍高的環境中打拚，計算利益的能力也會稍好，也會是普通人的命格，人生有起伏和財來財去。但一生的財富格局是比前者（在辰宮）高很多的。

文曲與廉貪同宮

文曲與廉貪同宮時，**在巳宮**，文曲居廟，**在亥宮**，文曲居旺、廉貪都是俱陷落的，會言語不實在、口才好，做人不實在，頭腦不清、政事顛倒、桃花多、較邪淫。感情問題是非多，但在三合宮位中有文昌、武殺同宮，是清高、較窮的形式，故一生財不多，也會財來財去。是一般小市民普通命格，人生成就不高。

文曲和財星同宮

文曲和財星同宮時，文曲居旺，財星也居旺時，能熱鬧進財，也會有名有利。文曲居旺對於財星是有加分作用的。更能具有口才、才華而得財，並且能多樣化發展。同時也較能用天生的本錢來賺錢。

當文曲居陷和財星居旺同宮時，文曲所代表的口才和才華都不好，天生本能的東西都無法賺到錢，此時命盤中的文昌居旺，因此要用後天所學習的東西來賺錢。但文曲居陷會耗財星的財，故財會減少。財會變得不多了。

當文曲居陷，財星也居陷同宮時，表示口才差、才華少、人緣不好、機會少、較窮、人也會孤獨，無用。當命盤中的文昌居旺時，可用後天所學習的技藝或知識來賺錢討生活，但不會成名，也無太大成就，一生有衣食就不錯了，常周轉度日。

文曲和武曲同宮

文曲與武曲同宮時，在辰宮，在戌宮，文曲居旺，在戌宮，文曲居陷、武曲居廟位，**在辰宮時**，較有錢、有才華、口才好、較聰明，但對

宮有文昌陷落和貪狼相照，環境中是粗俗、糊塗、不實在、油滑的環境，故其人雖人緣好，但常在混亂不清中生活。也易好貪、做錯事、犯官非，人生不算格局高。**在戌宮時**，文曲陷落、武曲居廟，對宮有文昌居旺、貪狼居廟相照，環境中是知識、文化水準稍高，但糊塗的環境。其人本身口才不好、耗財多、有刑財現象，故也易頭腦不清楚、政事顛倒、一生難出名，也不易聚財，人生成就不高。

文曲與武府同宮

文曲與武府同宮時，**在子宮**，文曲居旺、武府亦在旺位，故會熱鬧的進財。口才好、才藝多、圓滑、有手段、天生有本錢和才華來增財。但命盤中有文昌、貪狼在寅宮為福德宮，是糊塗的格局。

而且文昌是居陷的，主粗俗糊塗、政事顛倒。倘若『文曲、武府』在命宮，『文昌、貪狼』就在福德宮，是天生頭腦對是非的糊塗，是非不清、常出錯，賺錢存錢的觀念不好，一生所聚集的錢財會少，也易因貪遭災。倘若『文曲、武府』在財帛宮，而『文昌、貪狼』就在遷移宮，是周遭環境是非不清、糊塗、粗鄙，自然手中錢財再順利夠用，也是在一種是非多、問題多的環境中，小心翼翼的理財，故一生並不算太富裕的。**在午宮**，文曲居陷、武府在旺廟之位，是口才不好，人緣差、冷清、進財會減少、沒有才藝、智慧較差的狀況，財運的等級上比前者還差一些。在命盤中，有文昌、貪狼在申宮同宮，也是糊塗、政事顛倒的格局，但文昌居旺，其狀況偶而還對金錢精明一些，只是在做事方面糊塗、顛倒是非，是故也不會成為大富之人。

文曲與武相同宮

文曲與武相同宮時，**在寅宮**，文曲居陷、武曲居得地之位，天相居廟。文曲會減少武曲財星的財力，也會減少天相福星的享福程度，因此財會略少一些，又勞碌一些。並且口才不好、才華少、人緣也不佳，常出錯，另外有文昌居旺和貪狼在子宮同宮，是糊塗、政事顛倒的格局。而且『文曲、武相』在『命、財、官』時，『文昌、貪狼』就在『夫、遷、福』出現，是偶而對錢財精明，但做事會糊塗、不明是非的狀況。也會影響人生之順利與幸福。**在申宮**，文曲居旺、武曲居得地之位，天相居廟，故文曲會幫助財星和福星，增財和多享福氣，人緣好，做事有成就，口才好，做事順利度高一些。但有『文昌、貪狼』在午宮出現，文昌是居陷的，糊塗更甚，計算能力更差，故也易有觀念上的問題，會影響其人一生的成

就不高了，也會懶惰、投機取巧，反而遭災了。

文曲與武殺同宮

文曲與武殺同宮時，**在卯宮**，文曲居旺、武曲居平、七殺居廟，表示口才好，愛辛苦打拚，但錢財不多，文曲只是更增加武殺的打拚能力與打拚機會增多而已。**文曲、武殺在酉宮**，文曲居廟，也是更增加武殺的打拚能力與機會，這兩種狀況，都會有文昌和廉貪同宮，在三合位置的巳、亥宮，也都是人緣不好、運氣差、糊塗、政事顛倒、頭腦不清、賺錢少，會窮的格局。只是文昌在巳宮時，對錢財還精明，會在文質事物上糊塗，而文昌在亥宮時居平，是凡事都糊塗的狀況。因此，『文曲和武殺』同宮於卯宮時，賺錢方面的能力更差，而在酉宮時，也不算聰明，都是糊塗、易出錯，也會懦弱，成就不高的。

文曲與武破同宮

文曲與武破同宮時，**在巳宮**，文曲居旺，**在亥宮**，文曲也居旺。這兩種都是主窮困帶水厄的格局，而且破耗多、不聚財。而且此格局中，文昌會和紫貪在酉宮或卯宮同宮，是在『文曲、武破』的三合宮位上。故『文曲、武破』為『命、財、官』時，『文昌、紫貪』就在『夫、遷、福』等宮位，也是頭腦糊塗、政事顛倒的格局。但其中以『文曲、武破』在巳宮，而『文昌、紫貪』在酉宮一組的形式為稍好一些，雖窮困，頭腦糊塗，但偶而對錢財精明一些，只是做事糊塗，黑白不分而已。雖然也是窮，但窮的程度比在亥宮的狀況略高一些。

文曲與太陰同宮

文曲與太陰單星同宮時，**在卯宮**，文曲居旺、太陰居陷，會口才好、財窮，但能用口才來賺錢，可做相命者，為『九流術士』之格，是老天爺賞飯吃的格局。此命格中有文昌居平和太陽陷落同宮在亥宮，也是智慧不高、不精明，人生較晦暗的格局，但如再有祿星，可形成『陽梁昌祿』格的人，一生主貴，可因讀書考試而增高人生，帶來財富，而不那麼窮了。沒有貴格的人，一生起伏，易靠人過日子，只是伶巧、會看人臉色而已。**在辰宮**，文曲居旺、太陰居陷，是口才好、較窮的格局。對宮有文昌陷落和陷落的太陽同宮相照，一生會生活在晦暗、粗鄙的環境中，自然是更窮，更易無發展的。但如有祿星進入辰、戌、寅、申、子等宮，也會有折射的『陽梁昌祿』格，能讀書取貴，而有飯吃，一生也能稍平順一些。

昌曲、左右

無貴格的人，則一生窮困、無發展。**在巳宮**，文曲居廟、太陰居陷，也是口才好、較窮的命格。在酉宮會有文昌居廟和陽梁同宮，三合照守巳宮，故有『陽梁昌祿』格的人，能主貴，一生稍平順得財。無貴格的人，則一生起伏，看人臉色過日子。**在酉宮**，文曲居旺、太陰居旺，表示才華多、口才好，善於用口才、人情味來賺錢。也會錢財、財產積蓄多，好買房地產，故也會增多。因文昌居廟與太陽居旺在巳宮同宮，三合照守，故有『陽梁昌祿』格的人，一生財富大，會以知識得財，一生幸福快樂。**在戌宮**，文曲居陷，太陰居旺，會口才不好、才華少、桃花也會減少，有文昌和太陽在對宮相照，有『陽梁昌祿』格的人主貴，能有專業知識技能，生活順暢。一生會生活在文化水準高、精緻、美麗的環境中。此格局亦是『蟾宮折桂』格，有美麗的人生。**在亥宮**，文曲居旺、太陰居

廟。會口才好、才華多、桃花也多，一生機緣好，主富裕多財，而且在三合宮位卯宮有文昌和陽梁同宮，再有祿星，可形成完美的『陽梁昌祿』格，而主貴。一生的生活水準高，成就高、知識水準高、一生快樂。台北市長馬英九先生就是此命格，而具有貴格的人。沒有祿星，不能形成貴格的人，也會一生較富裕，過比一般人較舒適的生活。

文曲與機陰同宮

文曲與機陰同宮時，**在寅宮**，文曲居陷、天機在得地之旺位、太陰居旺，表示口才不好、不聰明，會耗財或錢財慢進。文曲陷落會減少天機的聰明和靈巧的活動力，也會減少天機向上升的運程、好運，在手腳活動方面和韻律感的才華方面都較遲鈍，也會減少太

陰的財祿，使命中的財祿等級下降。倘若文曲、機陰在寅宮為命，則會有文昌居旺、太陽陷落同宮在子宮為夫妻宮，表示內心是一種具有文化氣息，喜歡高尚、精緻、美麗的事物，但較內斂、不喜張揚、較悶，較保守的心態。此命格的人很容易形成『陽梁昌祿』格。有此種主貴格局的人，一生的生活層次也會較高，讀書學習能力較好，會做薪水族，具有穩定的收入。**在申宮**，文曲居旺、天機居得地之位、太陰居平，是本命口才好、聰明、桃花多，但財少的人。但命盤上有文昌陷落、太陽居旺在午宮，若文昌在夫妻宮時，是計算能力不好，內心寬宏，喜歡粗俗的東西，對自己要求不高的人。再有祿星出現，亦能形成『陽梁昌祿』格，能主貴，但一生的財富較少。無貴格的人，一生的財富會更少，也是必須有工作才能有生活之需的人。

機陰坐命的人，是一生財富多變化的人，再有文曲同宮時，就會決定變化是向上或向下的了。太陰居旺或居平也決定了一生財富的高低旺弱。因此在寅宮有文曲、機陰同宮時，是本命財稍多一點，但口才和才華不好，又耗財多一點，而使本命的財祿也下降了。而在申宮同宮時，是本命財少，但有口才和才藝、桃花較多、計較利益的能力又差，能靠伶巧和善於看臉色，能使本命極少的財祿稍增一些。

文曲和天府同宮

文曲和天府單星同宮時，**在卯宮及亥宮**，文曲都是居旺、天府在得地之旺位。**在巳宮時**，文曲居廟、天府居得地之位。**在酉宮時**，文曲居廟、天府居旺。這四種狀況，都能使天府的財祿增加、熱鬧、暢旺，會具有口才、伶俐、桃花多、人緣好、得財容易。但這四種狀況也會因命盤上另一顆文昌星所在的宮位，對其本命有影響，也各有不同。例如：**文曲、天府在卯宮時**，會有文昌居平在亥宮，和巳宮的廉貪形成糊塗、政事顛倒的格局，而對本命的財祿有損、和使其人一生成就不高。**文曲、天府在亥宮同宮時**，在三合宮位中，會有另一顆文昌居平和陷落的天相同宮於卯宮，此種形式又和酉宮相照的廉破形成窮困的格局，故此人一生難富裕。人生也會起伏不順。**文曲、天府在巳宮時**，另一顆文昌居廟和陷落的天相在酉宮同宮，此形式又和相對照的廉破形成主窮困的格局。也會一生難富裕，人生起伏大。**文曲、天府在酉宮時**，文昌在巳宮居廟，又和在亥宮的廉貪形成糊塗、政事顛倒、頭腦不清的格局，會桃花多，一生也不易有大成就，但生活會富裕。

文曲和運星同宮

文曲和運星天機或貪狼同宮的狀況如下：

文曲和天機

文曲和天機單星同宮時，在子宮，文曲居旺、天機居廟，文曲能使天機更聰明、伶俐、活動力大、手腳快、做事三分鐘熱度更強烈，在歌舞韻律、運動方面才藝更多，而且桃花也多一些、口才好、人緣增進。文曲也會使天機在運氣方面的變化更多、往上翻升、更熱鬧、更旺。因此機緣更好、機運更好、賺錢、出名、升官、得利的機會更大。

在午宮時，文曲居陷、天機居廟，此時的文曲口才不佳、人緣

不好、才藝少、會使天機好動的本性受牽制、活動力會減小、不算伶俐、動作慢、熱鬧度也不高，常會失去好奇心、不愛動了。在機運方面也減少了。故賺錢會減少、出不了名、升官不易、得利的機會少、會做做停停、不太順利。雖然天機居廟還是有它本身的聰明、才智和運氣，但不容易表現及顯露出來了。

在巳宮，文曲居廟、天機居平，口才好、伶俐、有小聰明，但沒有真正的大智慧。活動力和運氣都不太好。但文昌在酉宮居廟，極易形成『陽梁昌祿』格之貴格，若有此格局的人，也能讀書上進易出名。無貴格的人，一生平平，易靠人過日子。

在亥宮，文曲居旺、天機居平，也會口才好、伶俐、伶牙俐齒、有小聰明、沒有大智慧，亦是有貴格的人，能讀書上進、也有出名之機會。無貴格的人，一生巧言靠人過日子。

文曲和貪狼同宮

文曲和貪狼同宮，無論旺弱，或在何宮位，都是頭腦糊塗、政事顛倒、對人生有影響，使人一生成就不高的格局。文曲居旺時，還口才好、好瞎掰、言語不實、黑白不分，會有受處分、撤職、廷杖牢獄之災之事。文曲居陷時，口才不好、桃花少、人緣不好，易惹人討厭，再加上頭腦更糊塗、易惹口舌是非、反應慢、不伶俐，更易遭災。也會使運氣下降，周圍不熱鬧，很靜，不會閃躲災禍、較愚笨。

文曲和福星同宮

文曲和天同同宮

文曲和天同單星同宮時，**在卯宮**，天同居平、文曲居旺。**在酉宮**，文曲居廟、天同居平，這兩種狀況都會更增加居平的天同好動、更勞碌，但口才和人緣會好、好熱鬧，也會愛玩。

在辰宮，文曲居旺、天同居平，但對宮有文昌陷落和巨門陷落同宮相照，是在粗俗、卑下的、糾紛混亂、是非不清的環境中稍具伶俐的過日子了。文化水準不高，易落入社會的底層。本命財少，也難有富裕的日子。

在戌宮，文曲居陷、天同也居平，更增加耗損天同福星的福

祿。口才不好、才藝少、較靜、懶得動。對宮有文昌居旺、巨門居陷相照。你會在周圍環境是在一種很精準的文鬥氣氛中懶懶的過日子。你也自知鬥不過人家，會安靜的、儘量躲避的方式來應付周遭所發生的一切狀況。

在巳宮，文曲居廟、天同也居廟同宮，和**在亥宮**，文曲居旺、天同居廟同宮時，另外會有文昌和機巨同宮在酉宮或卯宮，這是在『文曲、天同』的三合宮位上。表示享福很多、桃花多、艷福不淺、口才好、才藝多。在巳宮時，會口才特別犀利、精明、靈活，可賺高知識、文化的錢財。在亥宮，因在三合宮位卯宮的文昌居平，雖也口才好，能賺普通知識文化的錢財，精明和靈活度略遜。這兩種形式都易形成折射的『陽梁昌祿』格之貴格。能具有貴格的人，得財較順利，一生較有成就。

昌曲、左右

文曲和同梁同宮

文曲和同梁同宮時，**在寅宮**，文曲居陷、天同居平、天梁居廟，會減少天梁蔭星能得到照顧的貴人運，會更勞碌、奔波一些，而且口才不好、才華少、不易出名，也易奸詐，因子宮有文昌居旺、巨門居居旺同宮，若『文曲、同梁』在『命、財、官』時，『文昌、巨門』就在『夫、遷、福』。故是內心精明好鬥、多奸險的狀況，奸謀頻設。**在申宮**，文曲居旺、天同居旺、天梁居陷，會口才好、人緣好、愛享福，又能享福的狀況，較無貴人運。因有文昌居陷、巨門居旺在午宮，故內心多是非，但不精明、疑心病重、愛胡鬥、思想混亂、較自私，會用一些小聰明、靈巧來享自己的福氣，做事能力不強。

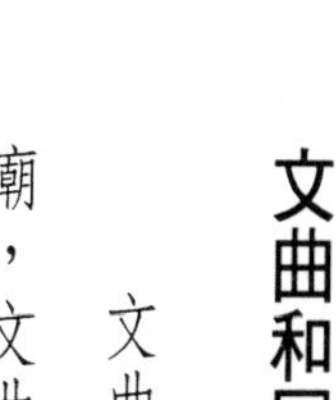

文曲和同陰同宮

文曲和同陰同宮時，**在子宮**，文曲居旺、天同居旺、太陰居廟，文曲能增加同陰享福的程度和財祿增多，會口才好，天生伶俐、桃花多、人緣好、愛享福，本命財多。但有文昌在戌宮居陷，表示內心不精明、較粗俗、文化水準不高、計算能力不好，真正的聰明並不是那麼多的，但可享一般常人的福祿。**在午宮**，文曲居陷、天同居陷、太陰居平，表示文曲會更增同陰的窮困與勞碌辛苦，天生無才藝、較笨、不伶俐、口才差、較靜、也易躲在人後，不愛動、桃花少、人緣差，一生無發展，也無成就。

文曲和天相同宮

文曲和天相同宮時，必會和對宮相照的破軍形成主『窮困』的

昌曲、左右

格局。因此不論文曲的旺弱或天相的旺弱如何，實際上都已形成人生層次的低落，在人生主富的一方面已經失去機會，也未必有機會出名，亦可能死後出名，得利的是別人，自己還是窮困的，亦可能有名但無法得財，因此名利疏途。命局中具有『陽梁昌祿』格之主貴格局時，尚能用讀書、考試，步步高升的方式，使人生平順。無貴格的人，一生起伏、操勞不斷，終將無所得，或財來財去，無法存留。但文曲居旺在巳、酉、卯、亥、子、申等宮時，仍能伶俐、口才好、桃花多。例如『文曲、紫相』在辰宮，『文曲、武相』在申宮，『文曲、天相』在巳、亥宮等雖是主窮的格局，但仍愛享福、又伶俐、好享艷福、好動。例如『文曲、紫相』在戌宮，『文曲、武相』在寅宮，『文曲、天相』在卯宮，都不愛動，桃花少、又窮困、享福也不多、內心糊塗、做事難負責任，也無才華可言了。

文曲和刑星同宮

文曲和刑星同宮，就是指文曲和擎羊、陀羅、火星、鈴星、地劫、天空、化忌同宮的狀況。凡文曲和刑星同宮，都會對文曲好的特質刑剋，對人的才華和靈活度限制，也會傷害桃花、人緣不好，使人的性格奸詐、計較、小氣、多嫉妒、自己沒有才藝或才藝低落而又牽制別人，不准別人發揮才藝。口才和韻律感之才藝、才華會向古怪方向發展，而使自己陷於不利的狀態。也會一生在考試、上進、名利方面，不能成名，或考試、升官不順利。也會影響財運順利。進財不易或耗財，以及無法用才藝智慧來得財。

文曲單星和擎羊同宮

文曲單星和擎羊同宮時，**文曲居旺、擎羊居廟時**（在辰宮），對宮有居陷的文昌相照，表示愛胡鬧、頭腦不清、又凶、口才銳利、常愛胡鬧一通，會傷人、人緣欠佳，成名會成惡名、善名無法顯現。一生會較多謀、奸險、多慮、心境不清爽，也會影響前程發展，雖好競爭，但不一定能得到自己心中想要的東西。也易進財不易、或思想不實際，計算利益的模式和方法怪異、所獲不多。

文曲居廟或旺、擎羊居陷時（在酉宮、卯宮、子宮）口才雖好，但用不對時間，才藝雖有但無法應用表現，或口才和才藝是有瑕疵、不合規格的、不合一般程度的、更容易因為嫉妒、小氣、計較的關係，使自己的口才和才藝變壞，而對自己不利。也會桃花受挫、有邪淫桃花，或不利於自己的惡緣桃花。在出名或考試、升官

上容易總是差臨門一腳的工夫。也易口才和才藝未經善用而吃虧。進財上有阻礙和坑洞，會表面看起來即將熱鬧、順利，但結果是以不順和冷清收場。

文曲居陷、擎羊居廟時（在戌宮），口才不好、才藝少卻內心強悍、好勝心強、嫉妒心也強、強力愛爭奪、表現、終陷於失敗之地。會陰險用心計，但智謀不佳、容易害人又害己、偷雞不著蝕把米。無法出名、桃花少、考試、升官沒機會，也不想做。進財不順、多煩憂。

文曲居陷、擎羊也居陷時（在午宮），口才差、無才藝、內心險惡、桃花少、人緣不佳，少與別人來往、愛爭、嫉妒，但爭也爭不到、內心笨又多思慮煩憂、內心有鬱悶、放不開的現象。一生常有想要的得不到、不想要的長留身邊，無名、無利，較孤獨、進財不易，有精神上之疾病。

文曲、陀羅同宮

文曲、陀羅同宮時，**文曲居旺、陀羅居廟**（在辰宮），表示口才、才藝雖不錯，但易常講奔撞、粗俗的笨話、內心多糾纏不清、口才、才藝的表達很不清楚，易拖拖拉拉，該講的不講、不該講的又衝動的脫口而出，會為自己找麻煩。也會是才藝是笨才藝，或才藝有瑕疵，會使出名受拖延，無法由正常道路出名。在考試、升官之路受阻，會看起來升官、考試、進財之路還有、還不錯，但實際上不順利，有拖拖拉拉之現象。

文曲居廟、居旺和陀羅居陷同宮時（在巳、亥、申宮），表示口才和才藝雖不錯，但頭腦笨或有其他的想法而不表現出來，或因是

非多、糾纏多，或口才和才藝向不好的方向發展，也對自己無用。也會該講的不講、所講出的話又對自己無益處，亦會頭腦不清、桃花不顯、或有邪淫桃花，或自做聰明反而遭禍。進財、升官、考試、出名等事看起來很好，但會拖拖拉拉不順利。

文曲居陷、陀羅居廟時（在戌宮），表示口才不好、很笨又頑固、活動力差、沒有才藝，但對宮有文昌居得地之旺位相照，外面的環境是斯文精明的環境，你會從事文職的活動，但不會出名。會在精明、優雅的環境中生活，但自己都得不到利益。也會進財少、升官、考試不利。

文曲居陷、陀羅也居陷時（在寅宮），表示口才差、頭腦又笨、活動力差、沒有才藝，會很靜，心中是非又糾纏不清、賺不到錢，更會使環境愈來愈差，無法出名，人緣差，沒有機會。

文曲和火星或鈴星同宮

文曲和火星同宮或文曲和鈴星同宮時，都會因古怪的想法和衝動影響才華和口才，易造成是非、不和、不討人喜歡、不順利的狀況，會對自己不利的。文曲的廟旺平陷，代表口才和才華的多寡與好壞。而火星、鈴星的旺弱，代表古怪聰明的高低程度，也代表造成是非災害的浮淺度。火、鈴居廟、居旺時，古怪的聰明度讓人訝異，有突發奇想，但不一定是有用的古怪才華，或是會有突然擁有略帶怪異的口才。其中對自己有利的方面只佔30%，對自己不利的佔70%。當火星、鈴星居陷時，所有古怪的想法、口才、才華都是無用的，對自己沒有利益的。也會因壞的古怪口才和才華使自己遭災、受害。在文曲方面，文曲居廟、居旺，就有口才和才華。文曲居陷就無口才，很靜，才華也少。因此會有下列狀況：

文曲居廟、居旺，火星或鈴星也居廟時（在巳、酉、丑宮），代表會有古怪的口才和古怪的才華，有時看起來是屬於有點自做聰明的口才和才華，但還算是真有點聰明的狀況。

文曲居陷、火星或鈴星居廟時（在寅、午、戌宮），口才不好、才華能力差，有古怪聰明隱藏內心，易出錯、惹是非。

文曲居旺與火、鈴居平陷同宮時，在申、子、辰、卯、亥、未等宮，表示有好的口才和才華，但有不好的古怪聰明、常出錯，多招惹意外的是非和災禍，口才無法有良好的發展，反而為自己帶來不利的狀況。

文曲和化忌同宮

文曲本身帶化忌時

己年生的人，在命盤格式中有文曲化忌，這是本命的化忌，以在『命、財、官』及『夫、遷、福』等宮影響人最深。以在『父、子、僕』及『兄、疾、田』等閒宮影響人較弱。文曲化忌是在口才上、才藝和名利上的古怪、有是非、不順利。因此有文曲化忌在『命、財、官』及『夫、遷、福』等宮位出現的人，都容易有不易出名的問題，或在名聲上受打壓，或自己內心不願出名及不願對名聲追求等現象。

當文曲化忌居旺時，表示口才或才藝是古怪的、不順暢的、或是與世俗間的潮流不合的。也會想表現又表現不出來，或表現很差的。會有口舌是非、言詞不當引起是非，或才藝明明還不錯，當正式競賽時，總是受阻擾、有是非而表現不佳，或有小人從中阻撓，而無法得名有名次。有時候你也會有一些和世俗潮流不合的才藝而不受人重視瞭解。流年、流月要小心財運不順的問題。

當文曲化忌居陷時，表示口才拙劣，不會講也不想講，很靜，一開口就會有是非、招人非議，所以你不太開口。你也會沒有才藝、音樂、唱歌、跳舞、韻律感等，才藝總是做不好，易讓人嘲笑，所以你也不太愛在眾人間以這些活動來出風頭表現。另一方面，你也根本對音樂、舞蹈、口技、韻律感這些才藝沒興趣。自然也沒想到以此出名了。你的人緣易不好，但流年、流月逢到文曲化忌時，也會進財少，以及有口舌是非而影響到財運的問題。

文曲和其他的化忌同宮時

當宮位中有文曲星，又有其他的化忌星同宮時

當文曲和其他的化忌同宮時，例如文曲和太陽化忌或太陰化忌，或是巨門化忌或是武曲化忌同宮，凡是和其他的化忌同宮時，都代表頭腦不清、糊塗、有是非、古怪和不順現象，人生有起伏變化或困頓。十種化忌有各自代表的十種不同之意義。而**當同宮中的文曲居旺時**，表示還熱鬧、伶俐、口才好、桃花多、愛表現、活動力好、身體與腦子都很靈活。能出名。**當同宮中的文曲居陷時**，表示冷淡、孤寂、不愛動、口才差、較沈默、沒有桃花、無法表現、活動力與行動力差，身體與腦子都不靈活、不太能出名。

例如：

文曲居旺（居廟）和太陽化忌居旺（包括居廟）同宮時，表示周圍仍然熱鬧、桃花多，但有古怪的桃花，或和一些事業看起來還好，但會有問題的人來往。你在事業上有古怪的發展，會多次中途轉行，做做停停，人生中有起伏。人生中能有一次高潮點，但很快的會敗下陣來。你的腦子有古怪的想法，也一生和男性有是非不合，彼此看不順眼。在賺錢上仍有不順、有錢財是非。在親情上，與父親、丈夫、兒子不和、多爭執、吵鬧。

文曲居旺、太陽化忌居陷同宮時，表示周圍環境中是一種表面看起來熱鬧，但檯面下有糾紛、是非暗中存在著。你的事業不順、很晦暗，但你會靈活的往其他不是常人所認定的正途方面發展。你也有桃花，但會和一些事業不佳，或無工作能力、性格悶、表面不

太講話、熟識後才發覺對方的口才不錯的人來往。你的腦子想法古怪，做正事不行，但有小聰明，會表現在玩樂、享受上。你一生和男性不合，會暗中較勁、多是非、糾纏不清。在親情上，與父、夫、子與男性朋友同事不合。你會表面看起來性格悶、內向，但會有幽默感，凡事都易會吃虧。

文曲居陷與太陽化忌居旺同宮時，表示周圍環境中是一種較安靜、孤寂、人緣不好、桃花少、自己話少，但事業運有一點想要旺起來，但總差臨門一腳，事業又始終做不起來的狀況。一生就在希望多、失望也多，總不知那裡不對勁，也找不到方法來解決、來往上爬的現象。你的腦子有古怪想法，也不愛表現，活動力、靈活力量也差。一生和男性不合，阻礙你的就是男性。在財運上也多是非、不聚財，常看到有財可進，但會慢半拍，或拖拖拉拉而失去財

運機會。在親情、感情上也與父親、丈夫、兒子、男性朋友、男同事及長輩不合。在你周遭所出現的人，也容易是口才及才華不好，性格好像是開朗、寬宏，但時常愛變、古怪，最後總造成是非、糾紛的人。

文曲居陷與太陽化忌也居陷同宮時，表示事業運不佳、頭腦不清、口才及才華也笨拙不佳。在你周圍環境中，是一種孤寂、安靜、少人來往、沒人理、很嫌棄你，有很多是非及糾紛存在的環境。你周圍環境中所出現的人，也是工作能力不好、較笨，人生低落晦暗、沒有希望的人。你本身也會常思想灰色、不開朗、悶聲不吭，自己內心多煩憂、內心多是非，常想些對自己不利的笨事，容易有憂慮症而有自殺的傾向。無法表現、活動力也差，一生和男性不合，有衝突、是非糾葛不清。在財運上也較窮、又耗財多、入不

敷出。在親情、感情上，是冷淡、不熱絡，與環境中的人都不熱絡，但尤其和所有的男性、雄性都更隔閡及有糾紛、衝突相剋。**當此文曲居陷與太陽化忌居陷出現在『命、財、官』及『夫、遷、福』等宮時**，表示你一生的成就不高，能過小市民的生活已經非常不錯了，可能你會更窮困，人生難有機會往上爬了。

※**當文曲與另一個化忌星同宮時**，你必須要把文曲居旺或文曲居陷所代表的意義，和另一個化忌所代表的意義相加起來，一起解釋。十干化忌分別代表不同之意義，請參考法雲居士所著《對你有影響的『十干化忌』》一書，會有詳盡的解說。

第三章　文曲和文昌同宮時對人之影響

你會覺得奇怪？為什麼文昌和文曲同宮並坐時，要拿出來單獨在一章中來講呢？請不必訝異。因為這代表了一些特殊意義，才必須單獨闢一章來談的。

第一節　昌曲同宮所代表之意義

文昌和文曲同宮並坐時，只會在丑宮或未宮同宮並坐。那是在酉時生的人，會有昌曲同宮在丑宮並坐，而卯時生的人，會有昌曲

並坐在未宮。這兩種昌曲並坐的格式，也會因所在的宮位不同而意義稍有所不同。

例如**在丑宮時**，文昌和文曲皆居廟位，故在斯文、美麗、文質氣息、頭腦清楚、精明度特佳、計算能力有專長、口才圓滑銳利，以及桃花人緣方面會更好、享福方面也更優質、舒適，及愛享福。

在未宮，文昌居平、文曲居旺，故在斯文、美麗、文質氣息和頭腦清楚及精明、計算能力上是較差、較平庸的，但有桃花、人緣，會用口才或桃花來瞎掰、瞎拗，但不一定掰的過去、或拗的過去。在享福方面也是愛享福，但享福的程度是不一定享得到，會稍為操勞一點，也會享福的內容不夠優質、不夠舒適，在享福的錢財價值上也會略少。

文昌、文曲在丑、未同宮是桃花格局

文昌和文曲在丑、未宮同宮是桃花格局。無論文昌和文曲同宮在丑、未宮，而丑、未宮是十二宮人事宮的那一宮位，都代表桃花格局。例如：**昌曲同宮在丑宮為命宮**，就代表本命多桃花，一生愛享福，人會長得斯文漂亮、人見人愛、口才好、精明、愛計較、愛享福，一生也會被桃花所困，還要看同宮的主星是什麼而定命格和人生起落吉凶。倘若命宮只有昌曲同宮，即算空宮坐命的人，則要看對宮有什麼星曜相照，即能知道其人的性格和一生的運程和命格高低了。

例如：昌曲同宮在財帛宮，則容易賺與桃花有關的錢財，適合做服務業或賺與人際關係有關的錢財。命格不高的人，則會做小老婆或吃軟飯或經營淫業維生。**昌曲同宮在官祿宮時**，也會做與桃花

有關的工作，正派一點的人，適合做服務業，**在丑宮**，會做與錢財精算有關的文職工作，**在未宮**，則不然，會做服務業，文質氣息少，和公關有關的行業、販售業等。命格不高的人，仍是會靠人維生，做小老婆或吃軟飯、操淫業維生。**昌曲同宮在遷移宮時**，表示外在環境就是桃花境界、享福的境界，人會較懶惰，少工作。**在丑宮時**，外在環境優雅美麗、環境好，你也長得漂亮，你的環境中有一種懶洋洋、舒適可輕鬆享受到富裕、優雅的、男女愛情濃郁的生活，自然你很年輕時就會戀愛，一生沈迷在愛情和男女關係之中。另一方面，你的出生就是一種男女發生邪淫關係所產生下之子女，所以你容易是小媽生的，或是外面非婚生而生下之小孩。這代表你的出生不正，一生也影響到你會懦弱，有寄人籬下、不敢抗爭、只想靠人過日子，有委曲求全的想法。你也會不想打拚、愛享福、享

受，只要有錢花就好，計較一點小錢財，並不想自己努力去做事來賺錢。**在未宮**，你周圍的環境也是桃花境界，也會有前述狀況，但環境不如前者富裕，你也會不夠精明，能享受到的福氣也不多，亦會用桃花色情之事，靠人過日子。

昌曲同宮在夫妻宮時，在丑宮時，表示配偶特別美麗、精明、口才好、有氣質、高人一等，夫妻倆在性關係上很合諧。你們倆的愛情是建立在性關係上所維持的情愛關係。你和配偶都容易有外遇事件。當沒有煞星同宮時，你們會各有各的外遇，但仍能合諧相處，不會分離。你和你的配偶也會是發生性關係之後才結婚的。夫妻宮也代表人內心的感情世界和想法，故在你的內心中，性愛關係和男女關係很重要，能幫你解決很多人生及生活上的事情。又因夫妻宮會相照官祿宮，因此你在事業上，能力不見得好，好高鶩遠，

喜歡做漂亮的事，但實際能力不強，只有表面功夫，成果卻不見得好，辛苦的事你也會不想做，只撿些輕鬆好康的事來做。錢是想多賺、努力打拚卻不夠，這樣的人生，鐵定是成就不高的。你也會內心喜歡漂亮美麗、高尚、精緻、價值高的東西及人、事、物，理想高，都不切實際，易說大話、投機取巧、成事不足，敗事有餘。**在未宮時**，因文昌居平，文曲居旺同宮，你的配偶的長相，就不如前者美麗了，精明、氣質及計算能力也不如前者好。但口才好、靈活力還是好的。在你的內心中，也是喜歡愛表現、喜歡桃花及性愛關係的，但你內心也不精明，也會找到不夠精明的配偶或情人。夫妻倆仍能以性關係來合諧相處，你和配偶也易有外遇事件。你在事業上的能力會更差一點，好高騖遠及不切實際的狀況也更嚴重。你所喜歡的東西只是平庸的、普通的東西，理想也不高，價值觀也不算

好。你也易投機取巧，做事常易不成功。

昌曲同宮在子女宮時，易有非婚生子女，子女也易是桃花多、又愛亂搞男女關係的人。**在丑宮**，子女漂亮、溫和、懦弱、有氣質、聰明一點。**在未宮**，子女不聰明，長相也普通，會懦弱無用。

昌曲同宮在疾厄宮時，表示易有遺傳或後來才生的性病。你也容易有先天性陽萎、腎虧、陰水不足的現象，或房事太多而體弱。還會有大腸、膀胱的問題、肺部及氣管較弱、氣喘等問題。

昌曲同宮，在僕役宮時，表示你的朋友都是由桃花關係而來的，或是朋友常和你有不清不楚的男女關係。**在丑宮**，表面上，他們是外表長相美麗、有氣質、口才好、才華多，生活富裕，但是愛享福和享受的人。因此你的朋友易是靠人吃飯，做小老婆或吃軟飯的人，或是在聲色場合打混過日子的人。即使他們的地位很高，也

是裙帶關係之下的人物，你和他們交往，表示你自己就是個愛走後門，喜靠異性及裙帶關係來異途顯達之人。**在未宮**，你的朋友及地位普通，長相也普通，他們仍然是易靠人吃飯、做小老婆或吃軟飯及聲色場所打滾的人。在生活和事業上都不太成功，也不太高級的人，你所靠的裙帶關係，也常無法為你帶來多一點的利益。

昌曲同宮在田宅宮時，在丑宮，表示你會有很多精美、漂亮、高價值的房地產。你家中的人會長相美麗、精明、溫和、生活優雅、素質高，也愛享福，生活富裕。但也表示你家中常有桃花邪淫的問題，家中有男女問題複雜的狀況，這可能是父母有外遇或娶小老婆、家庭成員很複雜。也可能兄弟姐妹有不良的男女關係所導致的。在你自己本身未來的婚姻中也會有這種複雜的男女關係，需要你來容忍和解決。大多數的時間，你是會容忍的，若是有此命格的

女性，你要小心子宮有性病或房事過多所產生之婦女病之問題。

在未宮，表示你的房地產有一些、不太多，並且房地產不算精美，價值也不太高。你家中的人長相普通、不精明，但溫和。家中也不算太富裕、生活普通為小康之家，家中也易有桃花問題會有糾紛。在你自己未來的家庭中也會有複雜的桃花糾紛。此命格的女子，更要小心房事過多及性病問題，影響到生子的問題。

昌曲同宮在福德宮時，這是『玉袖添香』之格局。表示你天生喜歡享福，更喜歡享受情愛和性愛的歡愉。你是一位具有浪漫色彩又好色的人，在人生的道路上會不實際，會因為戀愛的關係，或貪戀色情之男女關係而一生無大發展。基本上你是一位溫和、衝勁不足、有理想而後勁不力的人。**昌曲在丑宮為福德宮時**，你會長相漂亮、斯文，具有文藝修養、頭腦精明，對數字的計算能力好，也具

有韻律感、音律、舞蹈、口才方面的才華，人緣好、桃花多，但藝文方面的才華也成為你所愛好的享福內容之一。你會喜歡高尚、精緻的物品和活動，因此在打拚及奮鬥能力上會有所不足。**昌曲在未宮為福德宮時**，你會長相普通，也不特別斯文、更不見得具有文藝修養了，頭腦也不算精明，在藝文活動上的才華也平庸。但你仍是愛享福、愛現，享些粗俗的、懶惰的、有關男女之愛的福氣，桃花也有一些，也並非那麼強。在打拚能力上是非常不足的、較懶惰、聰明度不足的。

昌曲同宮在父母宮時，表示父母的感情還不錯，但父母有桃花事件，父母二人中也易有外遇行為，有時會成為你家庭中的隱憂。當父母宮有昌曲和刑星（羊陀、火鈴）同宮時，要小心父母會因桃花問題，而影響家庭不和，和對你之關係冷淡。

當昌曲同宮在丑宮為父母宮時，父母會長相漂亮、口才好、精明、桃花多，父母也愛享福，父親也易妻妾多，或父親有外遇現象，你要注意是否有突然多出來的兄弟姐妹和你爭財產。**在未宮**，父母長相普通、口才好，但不精明，也愛享福，父母較工作能力不強、家財不多，父母也易有外遇，即使有多出來的兄弟姐妹，也不一定會被你看到。

第二節　昌曲同宮時的格局

昌曲同宮時的格局

文昌、文曲同宮時，會在丑宮或未宮，所形成之格局如下：

1. 『玉袖天香』格

『玉袖天香』格，亦稱『玉袖添香』格。此格指在福德宮有文昌、文曲同宮時稱之，表示愛享艷福或齊人之福。其人會天性喜好男女色情之愛，工作不積極，亦喜歡風花雪月之事，好浪漫、不積極，亦喜吃軟飯、靠人生活，好物質享受，自己都無工作上之競爭力。有此格局者，女子易做妾室，也易入風塵，男子好吃懶做，也易靠人生活。

2. 『明珠出海』格

『明珠出海』格，原始的格局是空宮坐命未宮，對宮有同巨相照，但有左輔、右弼相夾丑宮或未宮的格局。但如果命宮在未宮，有文昌、文曲同坐命，有左輔、右弼相夾丑宮或未宮，也算是『明

珠出海』格。此命格的人，會長相漂亮、斯文、有氣質、性格隨和、懦弱，更對自身利益精明，因此更有條件能攀龍附鳳、擠身權貴，成為上流社會的新寵，登堂入室，成為駙馬爺的人選。其人也會利用自己的桃花來表達，成為富貴進陞的階梯。

第三節　昌曲同宮時的形式

昌曲同宮時的形式

文昌和文曲兩顆星只要在丑宮或未宮出現，便像雙胞胎、孿生兄弟一樣緊密的結合在一起，它形成幾種特殊格局，代表的意義和

文昌、文曲各和自單星存在於宮位中時是不同於前面所說過的，它代表桃花格局和愛享福的格局。因此昌曲在丑、未宮這一組星曜再和其他的星曜同宮，就會形成不同之意義。所以昌曲雖會同宮於丑宮或未宮，因有『十二個命盤格式』，故有十二種不同狀況之變化。每一種變化都有其特點。

昌曲獨坐丑、未宮為空宮的形式

昌曲獨坐在丑宮或未宮為空宮的形式，有三種狀況：

1. 昌曲獨坐丑、未宮，對宮有同巨相照的狀況時

在丑宮，為一般桃花格局。因昌曲皆居廟位，對宮的同巨居陷，故其人長相美麗、溫和、懦弱，一生多是非、工作能力不強，

環境不好，財帛宮是太陽居平、天梁居得地之位，官祿宮是太陰陷落，若有『陽梁昌祿』格的人，讀書有益，做薪水族仍能糊口。若無貴格的人，會靠人過日子，有兄弟照顧，一生和父母、夫妻、子女不合。人生常不順利。**昌曲在未宮，對宮有同巨相照**，若有左輔、右弼相夾命、遷（丑、未）二宮，就可形成『明珠出海』格，會異途顯達，因人而貴。古代為被招為駙馬、登龍門之貴格。此格局的人，為桃花格局。對宮相照的同巨雖也居陷，但天同、巨門皆五行屬水，又在帶水的丑宮，故雖仍有是非、口舌，會比前者少一些。此命格之人，財帛宮有陽梁居廟、官祿宮是太陰居廟，故一生做公務員能步步高陞，能食皇家食祿。此命格的人，還是以有『陽梁昌祿』格的人，人生層級升高的較快，無貴格的人，只為一般的普通人命格。一生財祿也會不多了。

2. 昌曲獨坐丑、未宮，對宮有日月相照的狀況時

昌曲獨坐丑宮或未宮，對宮有太陽、太陰相照時，在丑宮及在未宮的狀況都會不同。**在丑宮時**，本宮的昌曲皆居廟位，而對宮相照的太陽居得地之位、太陰居陷位。故其人外表長相美麗、漂亮、斯文、有氣質、口才好、才華好，看起來也精明、幹練，情緒容易起伏不定，多愁善感，很操勞、愛工作，但錢財少，較窮，性格計較、小氣。不過，其財帛宮是機巨、官祿宮是天同居廟，一生做上班族、公教職，能賺高知識水準工作的錢，一生雖不是很富裕，也能過得去。命格中桃花多，夫妻宮又是天梁陷落，一生易為情所苦、愛情生活不見得如意。**昌曲獨坐未宮，對宮有太陽、太陰相照時**，本宮的文昌居平、文曲居旺，而對宮相照的太陽居陷、太陰居廟，因此這是一位外表長相陰柔、稍普通，也算美麗、斯文稍差一

點，但口才仍好的人。情緒易起伏多端、性格悶、喜談戀愛，以情為重。但一生所遇之戀人，多半是事業運不佳、黯淡、性格內斂、有些悶，但略有財力的人。你會很欣賞悲劇英雄，也造成自己常內心苦悶，但以此為樂。你一生的財運尚好，事業不見得有發展，會起起落落，但做薪水族，能賺高科技及高知識方面工作的錢財，一生也大致平順。但感情是影響你一生起落的重大關鍵。你易談戀愛，也易有不倫之戀，會苦惱。

3. 昌曲獨坐丑、未宮，對宮有武貪相照的狀況時

昌曲獨坐在丑宮或未宮，對宮有武貪相照時，**在丑宮**，昌曲皆居廟，而對宮相照的武曲、貪狼也居廟位，你是一位長相還不錯，具有斯文和強悍，略耿直的性格、口才好，相貌及體型的表相，線

條也會略硬一點。你會看起來精明幹練、活動力強，因為你周圍環境中機會多、賺錢較容易，雖然本命屬於桃花格局，而且昌曲和對宮的貪狼形成糊塗格局，故你雖外表精明，但內心並不一定瞭解自己的人生方向，也會常因愛享福、打拚能力不足，雖精明，也只算些小利，所以在人生努力的智慧上是有瑕疵的。況且你的財帛宮是天相陷落、官祿宮是天府，只在得地之位，故你所能賺的錢少，能有工作糊口，有固定的工作，你就心滿意足了。縱然環境中機會再多，你也只取一點點，內心也愛貪、愛打拚，但實際努力的程度並不高。

昌曲在未宮，對宮有武貪相照的狀況：因本宮的文昌居平、文曲居旺，對宮相照的武貪居廟，故你的精明度更差，也會糊塗、政事顛倒，但口才好、性格也略耿直、不算太斯文、計算錢財的能力

也不佳，環境仍然是機會多，易賺到錢的環境。但財帛宮仍然是天相陷落，手中常窮，又理財能力不佳。官祿宮是天府在得地之位，須有固定的工作才能平順。你本命是愛享福的桃花格局，故也打拚能力不強。人生只是小康型態。

※當昌曲、擎羊同入命宮，對宮有武貪相照時，擎羊會傷害昌曲的桃花，因擎羊居廟的關係，實際上此命格是以擎羊為主的命格，故你會好爭強，卻不一定鬥得了狠，頭腦糊塗更甚，也會不太瞭解自己周遭的好運及賺錢機會，也易做糊塗事，會傷害自己的前途或利益，手中的錢財仍少，不富裕，能做專業的工作來維生。此命格的人性格強，但早點結婚，幫忙配偶工作賺錢，人生能找到幸福，也能稍富裕一點。

昌曲和官星同宮的形式

昌曲和紫破同宮在丑、未宮

昌曲和紫微、破軍同宮時，紫微是官星，破軍是耗星，所以實際上昌曲是和官耗同宮。這同時也是『窮』的格局。在丑宮，因昌曲居廟，紫微居廟、破軍居旺，故此人外表美麗、大膽、稍有氣質、口才好、喜歡美麗、高尚、精緻的事物，自視頗高，但工作能力不強，好享福，會指使別人去賺錢供他花用，而不會自己努力去賺。此人因桃花太多，而見異遷，依靠別人過日子，在私生活上有淫亂現象。其人之財帛宮為武殺，官祿宮為廉貪，本性好享艷福，及物質享受。本命窮、耗財多，自己又賺不到很多錢，故只有靠別人供給物質生活所需。此命格之女子易做小老婆、被人包養，男子易吃軟飯，一生無用。**在未宮**，因文昌居平、文曲居旺，紫破在廟位之位，其人外表普通、口才好、性格強，但仍是窮命格局與桃花格局，仍會靠人過日子，自己打拚能力不強。易為人所包養，吃軟飯之命格。

昌曲和天梁同宮在丑、未宮

昌曲和天梁同宮時，天梁是官星也是蔭星，無論在丑、未宮皆是居旺的。此命格的人容易形成『陽梁昌祿』格，關鍵在有沒有祿，祿星必須在三合四方宮位上，才能形成。有貴格的人，一生學歷較高，也能稍有成就。但仍為桃花格局、愛享福，又因對宮相照的天機居陷，一生環境不佳，會因桃花問題影響人生層次，也會較

懶惰、愛享福，人生層次不高。**命宮在丑宮時**，財、官二宮的太陰、太陽皆居旺位，會做公職，或薪水族，一生還富裕，工作較長久，生活逍遙自在。**命宮在未宮的人**，周遭的環境不好，人也不夠聰明，財官二宮是『日月反背』的格局，會窮困，也會因桃花事件傷害人生，而不順利，工作不長久。

昌曲和日月同宮在丑、未宮

昌曲和太陽、太陰同宮在丑、未宮時，太陽是官星，太陰是財星，此形式在丑宮或未宮會有不一樣的人生層次。**在丑宮**，昌曲居廟、太陽落陷、太陰居廟，是以錢財為主、事業運不佳的形式格局。**在未宮**，文昌居平、文曲居旺、太陽在得地之旺位，太陰居陷，主要是以事業運為主，財運不佳，以主貴為人生格局形式。但

無論在丑宮或未宮，都極易形成『陽梁昌祿』格，只要有祿星（化祿或祿存）進入格局中，就能學歷高，能以讀書、考試來晉陞人生的高格局層次。

凡有昌曲和日月同宮的形式，都是桃花格局，喜談戀愛，要小心桃花會影響人生的順利度或不積極、愛享福，情緒起伏大，也容易成就不高，或賺錢不太多。或好逸惡勞，靠人過日子。**此格局在錢財方面代表的意思是：在丑宮**，還精明，會精打細算，也能存到錢，日子過得富足、優裕、優雅，偶而會有一些耗財，和因工作的起伏所引起的小是非，錢財賺的是薪水及房租、利息錢。**在未宮**，有名無財、財少、不精明、計算能力不好，工作順利時有錢賺，工作不順利時無錢。而且存錢能力不佳，賺的是薪水錢，沒有房租、利息可賺。

昌曲和廉殺同宮在丑、未宮

昌曲和廉貞、七殺同宮在丑宮或未宮時，廉貞官星居平、七殺是煞星居廟，是智慧不高、喜歡苦幹蠻幹，加昌曲以後，會性情溫和、桃花也變多了，有桃花色情及喜歡戀愛方面的嗜好，也要小心心臟開刀。**在丑宮時**，人會精明、計算能力好，有做事和協調的方法，人也會稍為聰明一點，**在未宮時**，人的計算能力不好，略糊塗。凡昌曲和廉殺同宮時，都會好享福，好享艷福，也會有某些方面的糊塗，但口才都會不錯，喜歡交際應酬。在錢財上，在丑宮時，會一板一眼、中規中矩的賺錢、花錢，是小康格局。會為桃花和享受的事多花費。在未宮時，賺錢不太多，但為享受和桃花的事會花費較多，比小康的境遇還略差。在事業運上，都算是不積極。但會做正常的工作，會保守的待在同一工作崗位上，而不愛變化。

昌曲和財星同宮在丑、未宮

昌曲和天府同宮在丑、未宮

文昌、文曲和天府同宮在丑、未宮，天府是居廟的，會遇昌曲的形式不一樣。在丑宮時的昌曲雙星皆是居廟，在未宮的昌曲，文昌居平、文曲居旺，因此在未宮的『天府、昌曲同宮』的形式是略遜一籌的。此形式在丑宮時，會人長得漂亮、氣質高雅、桃花重、精明、特別靈巧，也精於計算，特別會存錢，對自己大方、對別人吝嗇，特別像銀行一樣，會控制、搜括家人或周圍人的錢財，放到自己的帳戶之中，也會賺到利息錢，十分計較。凡『命、財、官、夫、遷、福』有此格局皆屬之。此命格的人，也特別有艷福，也會好逸惡勞，會接受別人的供養或包養，自己不不會太辛苦打拚，喜歡享受及也能得到高級精緻的物質生活。

凡『命、財、官、夫、遷、福』之『昌曲、天府』在未宮時，則精明及計算能力略差一些，但仍比普通人為佳，也喜歡物質享受與桃花情愛方面的享受，打拚力也不強，但實際能得到的物質並不如在丑宮時層級高，只是一般普通的水準。在存錢方面也是愛存，而實際愛計較錢財的方面，是大處不算、小處算，成果不是那麼好的。

昌曲和武貪同宮在丑、未宮

文昌、文曲和武曲、貪狼在丑宮或未宮同宮時，也是在丑宮較強，在未宮稍弱的形式。武曲、貪狼皆居廟位，在丑宮，昌曲皆居

廟，在未宮，文昌居平、文曲居旺。

此形式在丑宮時，人會長相漂亮、斯文，內在性格仍強，但外表不會顯露出來。也會桃花多、討人喜歡、有艷福，對錢財計較、喜歡理財，凡事有好運，尤其在錢財方面有好運，是『暴發格』及偏財運格，也好衣食方面的享受、打拚力量也會減弱，不像命格中只有武貪入命的人那麼好動、積極。因為昌曲和貪狼會形成『糊塗』和政事顛倒的格局，故其人在做事及思想上仍會有些糊塗和是非不清，做事沒方法的一些問題存在。不過他們在錢財上仍是十分精明的。

此形式在未宮時，人的長相較前者略遜。對錢財的精明、計算能力都較差一點了。有時性格也會強，但亦常有懦弱的現象顯露出來。此格局的人，桃花仍重，好享艷福，艷福沒那麼多，但會自己找，會有是非損耗。但此人仍有暴發運及偏財運，文昌居平會讓暴發運沒有前者大，或頭腦不清、不向暴發的路去走，但暴發運仍不小。此形式也是糊塗、政事顛倒的格局，其狀況會更嚴重一些，使你的人生得財，得利會略減少一些。

昌曲和福星同宮在丑、未宮

昌曲和天相同宮在丑、未宮

文昌、文曲和天相同宮於丑宮或未宮時，天相在丑宮居廟，在未宮居得地之位。因此**在丑宮時的『昌曲、天相』的組合**，簡直像是三顆福星同宮鎮守的形式，好享福、喜歡過優裕、富足的生活及有特佳的艷福可享，桃花極重，不需要勞動，就有福可享。但是因

昌曲和對宮的破軍形成『窮』的格局，因此種格局無論在『命、財、官』，或『夫、遷、福』出現，都是無法真的能過富裕的生活，易靠人吃飯，自己不工作，或工作做不長，為人包養的人。自然他也是長得漂亮、氣質好、性情溫和、對利益精明、善於看人臉色，本性有些懦弱的。

在未宮的昌曲、天相同宮時，其人的美麗和享福的程會略普通一些，也會形成『窮』的格局，則無論在『命、財、官』或『夫、遷、福』也都是這種狀況。也易靠人吃飯，會懦弱、做事不積極，也做不長。

昌曲和同巨同宮於丑、未宮

文昌、文曲和天同、巨門同宮於丑宮或未宮時，**天同和巨門皆**

居陷落之位，在丑宮，昌曲居廟，其人外表長相還算美麗、性格懦弱、內心有古怪的聰明、多是非，但外表看起來還溫和。此格也是桃花格局，易靠人吃飯，工作能力不強，若能形成折射的『陽梁昌祿』格的人，多讀書還有一些機會能上進。但多半的人，是靠人吃飯、受包養來生活的。

在未宮的『昌曲、同巨』同宮時，聰明度和計算能力更差一些，即使受包養和靠人生活的生活水準層次也不高，也容易窮困的時候多一些。

昌曲和運星同宮在丑、未宮

昌曲和天機同宮在丑、未宮

文昌、文曲和天機同宮在丑宮或未宮時，此時天機皆居陷落之位。因此**當『昌曲、天機』在丑宮時**，是外表美麗、氣質還不錯、喜精打細算、有小聰明，對享福之事和錢財精明，但工作能力不強，也會桃花強，專喜搞男女關係、談戀愛，性格懦弱、一生無用，若能形成折射的『陽梁昌祿』格的人，能有一點出息，能有學歷，也能做一些工作。無貴格的人，會靠人吃飯，一生無用。

『昌曲、天機』在未宮時，長相普通。小的鬼怪聰明也不太多，更不精明、計算利益的小聰明也少，全靠邪淫桃花過活，靠人生活，也會無用和懦弱。有折射的『陽梁昌祿』格的人，仍會讀書，仍能做一點事，但成就不多。

昌曲和刑星同宮於丑、未宮

昌曲和擎羊同宮在丑、未宮

文昌、文曲和擎羊同宮於丑、未宮時，無論在丑宮或未宮，擎羊都是居廟的，而且擎羊是干系星（是以年干來排的星曜），故是以擎羊為主，昌曲為副的型式。擎羊會刑剋昌曲的桃花，並使昌曲的靈敏度變尖銳。

擎羊和昌曲在丑宮時的狀況，因昌曲也居廟位，其人外表還長得漂亮，但內心會多計較、攻心計，一般的人緣桃花還不錯，但男

女情愛的桃花較少，故也會晚婚或不婚.其人會口才銳利、異常精明，常聰明過了頭，有時反倒對自己不利有時會遭別人嫉妒、阻礙，有時是他自己疑神疑鬼，反而容易成事不足而敗事，或享受不到利益了。

命宮中只有擎羊、昌曲三顆星入命的人，算空宮坐命的人。以對宮有同巨相照，或日月相照的人，較容易形成『陽梁昌祿』格，再有祿星在三合、四方宮位配合形成貴格，就能讀書順利，也具有競爭心，能有高學歷，一生成就也會較高一些。此命格的人，以對宮有武貪相照的人，較無法形成『陽梁昌祿』格，但能有『武貪格』之偏財運格，有暴發運，也能為異途顯達，成能暴發一點錢財的人。

擎羊加昌曲在丑宮，是小氣、斤斤計較，算得太精，但擎羊也

會影響計算利益的能力和說話不好聽。當這些星在丑宮為『命、財、官』之三合宮位時，也都會多少影響到人緣關係上，太耿直、略有不討人喜歡的狀況。

擎羊、昌曲在未宮時，文昌居平、文曲居旺，還是由居廟的擎羊為主較強勢。此時計較、小氣很明顯，但計算能力不好、口才還不錯，會糊塗、喜歡指責別人，但自己的能力會較不佳，也會光說不練有糊塗和強詞奪理的狀況。

凡擎羊、昌曲在命、財、官、遷、夫、福等宮的人，都會大處不算，小處算，因小失大，並不是真聰明的人，也會是損人不利己的人。

昌曲、左右

昌曲和陀羅同宮在丑、未宮

文昌、文曲和陀羅在丑、未同宮時，因陀羅居廟，陀羅也是干系星之故，昌曲是時系星，故以陀羅為主，昌曲為副的型式。陀羅會刑剋昌曲的桃花和靈敏度變得遲鈍和拖拖拉拉，也會露出笨的樣子出來，因此昌曲和陀羅同宮時，在性格上會有矛盾之處的。

昌曲、陀羅在丑宮，是看起來美麗、有氣質，但悶聲不吭，內心多煩惱，有事放在內心打轉，不肯說出來，在做事上，有時精明、伶俐，有時笨拙、想不通，常有矛盾現象，也常拖拖拉拉不爽快，做事不積極。在桃花方面，易有是非，或自己放不開，普通的人緣關係上偶而有不順利。在愛情方面，會做笨事，常形成自以為是的戀愛，愛情不順利、婚姻也會拖拖拉拉。在錢財上，有時是精明好計較的，但計較的不是地方，該計較的不計較。旁枝末節的小事愛計較，利益無法順利獲得，會耗財在無謂的東西上。在事業上，是看起來清高、喜歡文職的工作，但事業不算太順利，會做文職中，職位不太高的工作，也會工作斷斷續續，有間斷及不順利。

昌曲、陀羅在未宮時，是看起來普通，無特殊美麗，也是悶聲不吭、內心多糾葛、有事放心中打轉不說出來，在做事方面不積極、頭腦笨、不精明、好動、精細的事不會做，只會做粗糙，或較粗重、粗俗的工作，事業不順。在錢財上，計算能力不佳，財少、耗財凶。在人緣關係上是非多，也會因愚笨、人緣不佳，討人厭。在婚姻及愛情方面，會自做聰明、桃花少、有糾紛，或有邪淫的笨桃花，易吃虧。

昌曲和火星或鈴星同宮

當昌曲在丑、未宮同宮，再有另一個火星或鈴星同宮時，昌曲是時系星，火星、鈴星也是時系星，且只可能有鈴星在昌曲的對宮相照，而不會同宮。而火星也不會和昌曲同宮。有鈴星在昌曲的對宮時，對昌曲的殺傷力較小較弱，不是直接刑剋的。

昌曲和天空或地劫同宮

天空、地劫也是時系星，當昌曲同宮在丑、未宮時，天空、地劫則分別處於寅宮或申宮，也不會和昌曲在丑、未宮同宮。

昌曲和化忌同宮

文昌化忌、文曲同宮於丑、未宮時

文昌化忌和文曲同宮於丑、未宮時，是辛年生的人，**在丑宮**，文昌化忌和文曲皆居廟位，表示在思想上、計算利益的能力上，和文學、文藝的才能上有古怪的、多波折的、扭曲的想法，但口才、韻律感方面、人緣桃花方面仍不錯，仍會頭腦不清、做事反覆，縱使能形成『陽梁昌祿』格，也不會利用讀書、考試的天然蔭庇的力量來增高人生，讀書也仍然可唸得好，但不一定喜歡唸書，常錯過好機會，人生有反覆、起伏、頓錯、人生有不順或漏失的狀況。此格局如果是在財帛宮，則有奇怪的、混亂的計算錢財的方法，表面

看起來好像很聰明，也會理財，但是實則是對自己不利，錢財上仍有疏失，也還是理財不清楚，會賺怪異的和桃花有關的錢財。

在未宮，文昌化忌居平、文曲居旺，是計算能力和計算利益的方法不佳、理財能力不佳、思想不聰明又古怪、伶俐的狀況也不是時候。人緣桃花不佳，頭腦不清更厲害。縱使有『陽梁昌祿』格也無用，會不喜歡唸書，也不會用來增高人生層次，若在財帛宮主耗財，偶有財進，但有是非糾紛，沒有桃花錢可賺。在官祿宮若和武貪同宮，或對宮是武貪時，會政事顛倒，有因職受處份之災，如和天相或紫破同宮，皆主窮，又有錢財是非，享福不多。

文昌、文曲化忌同宮於丑、未宮時

文昌、文曲化忌同宮於丑、未宮時，**在丑宮**，文昌與文曲化忌

皆居廟，表示頭腦糊塗、口才不好、人緣不佳、說話較剛直，或常說錯話，不討人喜歡，但仍精明，計算能力還好，但有是非，會影響進財。桃花怪異，或無桃花。或有不高級的桃花。在錢財方面會小氣好理財，但會為不知名的事或無謂的事物而耗財、進財不順利。在官祿宮時，易因才華不好，或古怪，或因口才不佳，常說錯話，事業運不佳，也無法出名，多受責難，如對宮有武貪相照，或與武貪同宮時，易因政事顛倒、失職有官非或遭撤職查辦，如果和天相或紫破同宮時，皆主窮，人緣不佳，易孤獨，有口舌是非，無桃花，享福不多。

第四章　文昌、文曲在『命、財、官』對人的影響

當文昌或文曲星出現在人的命格中，尤其是在『命宮、財帛宮、官祿宮』這一組三合宮位上，無論昌、曲是單星或是雙星同宮出現，其實都會直接影響到人的相貌、才能、思想模式、做事方法、賺錢和花錢的方式和能力，也影響到人本命的財富和智慧高低、工作型態、打拚能力，人生成就與成功指數，人生層級和生活水準的高低的。因此十分重要。

第一節　昌曲單星在『命、財、官』對人之影響

前面說過，在命格中，文昌、文曲要一起來看。不論文昌或文曲，當只有單星各別出現在『命、財、官』時，有數種現象：

一、**是文昌在『命、財、官』等宮位中**，而文曲在『夫、遷、福』等宮位中。則一個星是居旺、一個星是居陷位的。

二、**是文曲在『命、財、官』之中**，而文昌在『夫、遷、福』等宮位中，也是一個星是居旺的，一個星是居陷位的。

三、**是文昌、文曲兩顆星都在『命、財、官』等三合宮位之中**。則有雙星都居廟位，例如在巳、酉二宮。另一種是在卯、未宮，文昌會居平、文曲居旺。

當文昌在『命、財、官』之中

當文昌單星在『命、財、官』之中，又居旺時，要看文昌和何星同宮，有無刑星、煞星同宮。因文昌是溫和、文質的、主貴的吉星，很怕刑星來刑剋，而會減少文昌的吉度和聰明，或使聰明變得不實在，而對人生無用。

當文昌星居旺在『命、財、官』等宮位時，又完美無缺，無刑剋時，就真正會發揮主貴的力量，以及發揮精明、幹練、頭腦清楚、外表長相美麗、斯文、有文質修養，也能在事業上有成就。『陽梁昌祿』格會更完美，人生層次容易增高，但前題是在你『夫、遷、福』中的另一顆居陷的文曲星，不能有化忌，否則不能出名，也影響人生層次。

當文昌居旺在『命、財、官』等宮位時，你的文曲必然在

『夫、遷、福』等宮位中居陷，表示你內在精明、講究氣質，但口才和韻律感、身體的活動力不佳，你是較喜歡文靜、平靜的生活，太熱鬧的場合你不太能適應，只會偶而熱鬧一下，不能天天在吵雜的或活動量大的場合活動，否則會感覺很累。這自然會影響到你的生活型態，你會選擇精神層次較高的生活形態。你也會內心自覺高尚，喜歡較好的物質生活，在賺錢方面較精明、理財能力好、做事有方法、有條理、人生目標抓得很緊，學習能力強，人生成就容易增高。你希望是在知識、學識、專業能力方面出名，而不是在一些浮淺的、用漂亮、討喜的、諂媚的方式，或不高級的用身體表達的方式來出名。

當文昌在『命、財、官』中居平陷時，你的命格中之文曲星在『夫、遷、福』等宮位，必居旺。表示你會外在與內在皆較粗俗，

但內在口才好、又好動、內心喜歡顯耀自以為是的優點。你在文質方面的才華少、不佳，較喜歡桃花，包括人緣桃花或愛情桃花來達成你的目標。你會在計算能力上不佳，也會不喜歡讀書，會在身體的活動量上較大，在韻律感上較好。你喜歡過熱鬧、忙碌的生活。在精神層面或文質藝術（文學、繪畫）上的生活較少，較喜歡唱歌、跳舞、戲劇之類的藝術，你是喜歡表現、愛張揚自己在動感、才藝方面的才能的，你也會時常愛臭屁、愛炫耀自己美麗外表（並不一定真漂亮）與桃花、愛情的人。

當文曲單星在『命、財、官』等宮時

當文曲單星在『命、財、官』等宮之中，又居旺時，也要看是否有刑星同宮，有無刑剋而定，是否受到傷害。若無刑剋時，就能

昌曲、左右

真正發揮你的口才和才藝了。你的活動力會很旺盛、愛熱鬧、桃花多、人見人愛。但你命格中的文昌星，則必然在『夫、遷、福』等宮位居陷，表示你的人生是以愛表現、講究外在的、表象的、眼睛視力所及的美好事物為主要努力目標。內在心理層面、精神層面的、知識性、學術性的內容會少，內心利益的計算能力不佳，也未必愛唸書、讀書，你喜歡利用天生的美麗或天然賦與你的才能來賺錢，得到利益，例如你有好的歌喉或聲音，或天生有舞蹈能力或天生會模仿、看人臉色、或用身體的天賦異稟來賺錢。你內心的感情及想法會較粗略及粗俗一點。你會較重視現實及眼睛所看到之利益，不會想得很遠，也不想去想得遠。你給人生的目標也訂得很近。不喜歡說遙遠的、不可能的事，你的幻想都很實際。

當文曲居陷在『命、財、官』等宮時

當文曲居陷在『命、財、官』等宮時，若無刑剋時，你會口才不佳、活動力差、不愛熱鬧，在身體的韻律感方面不佳、唱歌、跳舞、演戲等才藝不佳。在你的命格中另一顆文昌星會在『夫、遷、福』等宮位出現，是居旺的。因此你內在心理層面、精神層面是高尚的、講究心靈美的，因此你不想像小丑一般來展現自己的才華。你喜歡高知識性、學術性、專業性的內在涵養，也會在這方面來增高自己潛在能力。你在外不喜歡表現、桃花略少、人緣不算太好、談愛情的機會較少一點，會寧缺勿濫。也會內心精明，善於算計利益、默默的理財、過悠閒的、注重物質的生活。你是有內在美、注重道德觀的人。

若文曲居陷在『命、財、官』之中，若有刑星同宮，則口才不佳，毫無活動力，易孤獨、也不想出名，根本無法顯露自己的才能。縱使內在再美，別人也無法體會出你的好處了。若命格中是文曲居陷加刑星在『命、財、官』中，而文昌又加刑星在『夫、遷、福』之中，則內在也不美，外在又孤獨、口才不佳、活動力也不佳，一無是處，成就很差了。

另一種是『**昌曲**』**分別在**『**命、財、官**』**三合宮位中**，如在巳、酉宮或卯、未宮時。

昌曲單星分別於巳、酉宮在『命、財、官』之中時

文昌及文曲分別在巳宮或酉宮，又分別處於在『命、財、官』三合宮位之中為居廟時，若雙星無刑剋時，則你是個又精明、又活

潑、外表美麗、斯文、有氣質、人緣好、桃花多、喜歡表現、又愛熱鬧，常常展現自己長才的人。你也會善於看人臉色，善於學習、非常伶俐、既喜歡精神生活的層面，又喜歡運動和身體活動、韻律感的層面事物，若要參加演戲、歌舞，你在行，若要提筆繪畫、寫文章你也在行，文武雙全，凡事精明幹練，你會很容易找到你想要努力的目標，你也會利用你心靈與外在雙重的優點來增高人生成就。如果有『陽梁昌祿』格的人，則更添一美，一生愜意，精神與物質生活能雙美。財、官也雙美。無『陽梁昌祿』格之貴格的人，也能靈巧渡日，在賺錢和生活上小有規模。

如果文昌或文曲單星其中只有一個遇有刑星時，則要看在那一宮位，則該宮有不順之狀況了。如果文昌、陀羅在巳宮為財帛宮時，則在錢財上之精明受損，也會耗財、理財能力不佳。此時，文

曲會在命宮居廟，口才仍好，喜歡熱鬧、仍伶俐、好動、喜歡表現，但賺錢能力不是很好了。

如果文昌或文曲分別在巳、酉二宮又是在財、官二宮，又都有刑星同宮，則財、官二宮的昌、曲都受到刑剋，聰明度不高，也事業、錢財受損，成就不高了。桃花也會少、能力不強，也不喜熱鬧、文質修養也不高了，易煩惱、不精明、易衝動、聰明會有古怪發展，對自己很不利。

昌曲單星分別在卯、亥宮二宮為『命、財、官』時

文昌在卯宮或亥宮都是居平的，表示氣質普通，文質的力量也普通。而文曲在卯宮或亥宮都是居旺的。

當昌、曲分別在卯、亥宮為『命、財、官』之中的任何二宮

時，你是未時生人或亥時生的人。若昌、曲沒有受到刑剋，則你也會是一個喜歡講話、氣質普通，並不特別漂亮，也不算精明的人，計算利益的能力也不會太好，你容易是一個普通命格的人。不過你可以用天賦的才能，如口才、歌舞、演戲或韻律感、運動等能力來創造你的人生，你會在精神層面及知識性的層面薄弱一些，必須要十分努力才能達成目標。你也會喜歡熱鬧，但物質生活並不見得豐裕或高級、高尚。在賺錢方面，也會有瑕疵。

若昌曲分別在卯、未宮，又在『命、財、官』之中，又帶有刑剋時（有刑星同宮）時，一生無緣成名，也工作能力不強，較辛苦，口才不好、人緣桃花少、錢財不多、知識程度也不高，或精神生活很貧乏，物質生活也不好了。

第二節　昌曲同宮在丑、未宮為『命、財、官』

當昌、曲宮在丑、未宮為『命、財、官』時，都是桃花格局，都會愛享福、愛享受物質生活和愛享艷福，一生會因愛享福的關係，努力不足，成就減低或不高。也會因桃花關係，靠人吃飯、拿錢，自己不努力，會懶惰。性格溫和，或懦弱，**當昌曲同宮在『命、財、官』時，在丑宮及在未宮的分別：在丑宮**，人長得漂亮，**在未宮**，人長得普通。**在丑宮**，較精明、理財能力好、生活優質，所獲得的錢財較多，又會理財，花用富足，能源源不斷的有錢進，夠花用，生活較平順、文化層次高，較精緻。**在未宮**，不精明，理財能力不強，生活不算富裕，只是普通，也不算很優質、文化層次不高，不算精緻。所享的福如物質和艷福，都是極普通不算精緻、豐厚，情愛也不算深厚的艷福。但溫和、懦弱、懶惰會更厲害一些。

移民、投資方位學

法雲居士⊙著

這本『移民．投資方位學』是順應現代世界移民潮流而精心研究所推出的一本書，

每個人都有自己專屬的生命磁場的方位，才能生活、生存的愉快順利，也才會容易獲得財富。搞不清自己生命磁場方位而誤入忌方的人，甚至會遭受劫殺。至少也會賺不到錢而窮困。

法雲居士利用紫微命理的方式向你解釋為什麼有些人會在移民或向外投資上發展成功，為什麼某些人會失敗、困頓，怎麼樣才能找對自己的正確方向，使你在移民、對外投資上，才不會去走冤枉路、花冤枉錢。

好運隨你飆

每一個人都希望事業能掌握好運而功成名就
你知道如何能得到『貴人運』、『交友運』、
『暴發運』、『金錢運』、『事業運』、
『偏財運』、『桃花運』嗎？
一切的好運其實只在於一個『時間』的問題
能掌握命運中的『旺運時間』
就能掌握一切的好運，要風得風，要雨得雨
好運隨你飆——便一點也不是難事了！
『好運隨你飆』——
是法雲居士繼『如何掌握旺運過一生』一書後，
再次向你解盤運氣掌握的重點，
讓你更準確的掌握命運！

第五章　文昌、文曲在『夫、遷、福』對人的影響

文昌或文曲單星在夫妻宮、遷移宮、福德宮之中，對人的影響是在其人內在中的感情模式、外在環境、天生根深蒂固的原始觀念之中，自然也是影響到自人內心的、思想模式與觀念和價值觀等重要人生關鍵之轉承起合的重要性了。

第一節　昌曲分別在『夫、遷、福』三合宮位上對人的影響

當文昌、文曲皆居廟，昌曲是在三合宮位之中，分別在『夫、遷、福』中的任何兩個宮位一起出現時，例如文昌在夫妻宮，文曲就會在福德宮。例如文昌在遷移宮，文曲就會在夫妻宮。例如文昌在福德宮，文曲就會在遷移宮。因此昌曲二星會在『夫、遷、福』的三合宮位上之巳宮和酉宮。這都表示在你的內心中的感情模式或在你周圍環境中，或是天生的觀念中就是喜歡也具一些文藝方面的才華。你的內心是喜歡高尚、精緻、美麗、高價值的事物，自我要求高，也喜歡表現，身手伶俐、靈活、聰明、機巧、人緣好，內在

感情充沛、豐富，桃花往人緣上有正面發展。一生做事會較仔細，能運用內在的感情、機智和外在的環境做順應起伏而成功。你的生活環境和天生福氣都受人艷羨。能享到福，或成名受矚目。

例如：

文昌在夫妻宮（在巳宮），文曲就在福德宮（在酉宮），皆無煞星（羊陀火鈴、化忌及破軍、貪狼）**同宮時**，你是內心喜歡高尚、精緻、美麗的人、事、物，擁有具有文化水準的、有氣質的配偶，自己本身口才好、精明幹練，做事有自己高貴的格調，也很會精打細算，凡事講理，做人講求條理規格，品德較高，不會胡來亂搞一通，人緣桃花強，受人喜愛和敬重。一生的人生目標很正確，行事為人正派，對未來的成就有加分作用。

文昌在福德宮（巳宮），文曲在遷移宮（酉宮），皆無煞星同宮

時，你是外在環境熱鬧，你本身口才好、桃花多，你也天生長相斯文、有氣質、有文化修養，惹人喜愛、喜歡風花雪月之事，為人浪漫，但仍正派，容易有人追求，但你天生精明、計算利益的能力好，也有自己的人生目標，你會較喜歡身體方面韻律感之類及音樂方面的藝術活動，一生快樂享福。

文昌在遷移宮（在巳宮），文曲在夫妻宮（在酉宮），皆無煞星同宮，表示你周圍環境中即是文化水準很高，又美麗、又有氣質的環境，你易做文質性工作，或做文化業，也易待在氣派、環境美麗優雅的工作環境之中，你自幼會生長在文化水準高及稍富裕的家庭中，未來的配偶是口才好、才藝多、好講話聊天的人，配偶的人際關係好，夫妻感情和諧。你本身也是個氣質好、美麗的人。內心喜歡熱鬧、桃花多，一生在愛情、事業會兩得意。

※上述現象若有煞星情況就不一樣了，文昌在巳宮，會有陀羅同宮，會不精明和笨、粗拙，或有時精明、有時笨，也會外表長相普通或稍美，但顯現笨拙的樣子。**文曲在酉宮會與擎羊同宮**，口才、才華不好、或尖銳、無人緣桃花。

文昌在巳宮與火、鈴同宮時，也會變得粗俗，文曲在酉宮加火星、鈴星時，也是粗俗、衝動、口才雖好、易得罪人，桃花不顯，或有怪異桃花、聰明反被聰明誤。

當文昌在巳宮，文曲在酉宮時，天空在午宮，地劫在辰宮，因此不會遇到同宮，若有文昌化忌或文曲化忌時，沒有桃花，頭腦糊塗，思想有古怪現象，使人生有不順。

若巳宮的文昌或酉宮的文曲和破軍（包括武破、廉破）**同宮或相照**時，是窮的格局，會清高但能力不強，桃花也不多，人緣關係也不算好了。

若在巳宮的文昌或在酉宮的文曲和貪狼（包括廉貪或紫貪）**同宮或相照時**，皆是政事顛倒、糊塗的格局，頭腦不清，一生容易犯錯，有糊塗桃花。

昌曲、左右

第二節　昌曲分別在『夫、遷、福』、『命、財、官』一旺一弱時

若昌曲分別居於『夫、遷、福』，一個文昌是居旺的，在申、子、辰宮時，一個文曲必是居陷的在寅、午、戌宮。或是文昌居陷在寅、午、戌宮，而文曲居旺在申、子、辰、卯、亥、未宮，這樣

的昌曲組合，其實就是生時為子、寅、辰、午、未、申、戌、亥時生的人，都會有不同的狀況。但必定是一顆星在『夫、遷、福』中之某一宮，而另一顆星在『命、財、官』之中的某一宮，因此當昌、曲二星一旺一弱時，必定會影響到人生架構主體的『命、財、官』所主宰的人生問題的。這些解釋在前面第一章已說過了。請讀者參考之。

例如：

如果子時生的人，文昌在戌居陷、文曲在辰宮居旺，倘若文昌在遷移宮，文曲就會在命宮，故其人口才好，但環境粗俗、險惡，其人也會油滑不實在。

如果午時生的人，文昌在辰居旺、文曲在戌居陷，文昌在遷移

宮，文曲在命宮時，則其人口才不佳、人緣也不太好，較孤獨，但周圍環境是文質高雅、有文化氣息的，其人也會文靜、有教養、文質彬彬、喜歡文化活動。

如果子時生的人，文昌在夫妻宮居陷（在戌宮），文曲在官祿宮居旺（在辰宮），則配偶長相不美、較粗俗，你自己內心的想法也較粗俗，內心計算利益的能力不好，有因小失大或貪念、偷雞不著蝕米的想法，在事業上會做一些身體勞動、或以熱鬧場面的浮相的、表面工作。無法做細緻的文質工作，故你只能以天生的勞力、活動力，和熱鬧撐場面的工作來賺錢了，無法用精緻、細膩的智慧來賺錢，或來過你的人生了。

如果午時生的人，文昌在夫妻宮居旺（在辰宮），文曲在官祿宮居陷（在戌宮），你就會內在要求高、喜歡高尚、精緻的事物，配偶

也美麗、文質彬彬、有氣質，在事業上，你的口才不好、人緣不算太熱絡，也不喜在熱鬧場所工作，升官機會不很多，但會一板一眼的重視工作，表現機會也不太多。

以上是舉例讓讀者瞭解，文昌、文曲兩星一旺一弱時，相互之關係，對人所造成之影響，其他時辰所生的人，也可仿此來瞭解昌曲二星在你命盤上是處於何宮位，就會產生什麼樣的影響了。

第三節　昌曲同宮在『夫、遷、福』對人的影響

文昌、文曲同宮，必在丑宮或未宮，在丑宮時，是酉時生的人，昌曲皆居廟位。在未宮時，是卯時生的人，文昌居平、文曲居

旺。旺弱不同，對人生的影響也不同。

昌曲在丑宮或未宮同宮時，皆是桃花格局，愛享福、較懶、打拚能力弱，桃花會影響其人，是人生成就不高，其人也易愛佔小便宜，自以為聰明，以為享到了福氣。易有邪淫桃花，好吃懶做、吃軟飯或靠人過日子。

當昌曲同宮在遷移宮時，環境中即是桃花格局，容易用身體來賺錢，賺的是皮肉錢，為淫賤之命。也容易生活在聲色場所之中，或出生時之先天狀況即為不正的狀況，由邪淫、不正當的關係所生下之子女，不是婚生子女，也容易是不正常之家庭，父母賣淫或家中淫亂，或母親為妓女，父不詳。縱然**遷移宮之昌曲居廟在丑宮**，自己一生也是靠此過日子，但會有豐厚的物質生活，而人生層次與成就並不高。**若在未宮**，生活環境普通，也是靠人過日子，沒有成

昌曲、左右

就。

昌曲同宮在夫妻宮時，**在丑宮**，配偶美麗、有氣質，配偶家中富裕，配偶是人見人愛的人，桃花多，追求者也多，你和配偶是以性關係合諧而相互吸引的，你們也會是先發生性關係才結婚的。你在事業上會懶惰、打拚力量不強，當你工作有變化時，夫妻關係也不好了。配偶和你都易有邪淫關係的桃花外遇。在你的內心中特別喜歡情愛桃花方面的事，做事看起來精明、很會算計，其實配偶更會算計，但你做事不積極，有時更會懦弱，更會浮誇、喜歡美麗，優質的生活，更想靠人過日子，不想打拚。自己的能力不真正強。

在未宮，你的配偶長相只是普通的美麗，配偶家中不富裕，你和配偶也是以性關係而結合的，夫妻倆也易各自有桃花外遇的可能，你也會懶惰、不積極、喜靠人過日子，一生沒有成就。

昌曲同宮在福德宮時，是『玉袖天香』之格局，你更是懶惰、愛享艷福，**在丑宮**，你會對利益、錢財精明，但自己不打拚，易靠人過日子，為無用之人。**在丑宮時**，你會天生麗質，長相美麗一點。**在未宮時**，你長相普通、計算利益的能力也不好。但無論在丑宮或未宮，都是口才好、光說不練的人。

第六章　文昌、文曲在『父、子、僕』及『兄、疾、田』對人的影響

第一節　文昌在『父、子、僕』及『兄、疾、田』對人的影響

文昌在父母宮

文昌單星在父母宮時，居廟、居旺時，在巳、酉、申、子、辰等宮時，表示父母長相美麗、正派、明理、有氣質，對子女的教

育會注重，文化水準高，會做文職工作，精明幹練，會有正確的人生目標。父母對錢財精明，會理財，工作能力好，也會有富裕的生活。**若有煞星羊、陀、火、鈴同宮時**，父母的文質氣息與工作能力、富裕程度都受刑剋變少了，父母的人生也會不順利。**有文昌化忌居旺、居廟在父母宮時**，父母有古怪的聰明，事業不順，糊塗，和你不合，在錢財和計算能力上有問題，也易不富裕。**有破軍在同宮或在對宮相照時**，父母較窮、勞碌、工作能力也不佳。**有貪狼同宮與在對宮相照時**，父母是政事顛倒、有糊塗事的人，也與你不合，不能溝通，相互不瞭解。

文昌單星在父母宮居平、居陷時，在卯、亥、未、寅、午、戌宮時，父母不精明、長相普通、計算利益與金錢的能力不佳，父母長相粗、觀念也不好，思想粗俗、賺錢較少，父母的家世不好，

會較窮，工作能力不佳。**有羊、陀、火、鈴、劫、空同宮時**，你與父母的關係更差，對你無幫助。**有破軍同宮或在對宮相照時**，父母也是窮。**有貪狼同宮或在對宮相照時**，父母糊塗、父母和你的關係也差、冷淡、易不來往。

文昌在子女宮

文昌單星居旺、居廟在子女宮時，表示子女是氣質好、文質彬彬、長相美麗的人，子女對錢財和利益精明，做人正派、講道理、做事有方法、讀書會好，文化水準高，未來會做文質工作，生活會富足平順。**若有羊、陀、火、鈴同宮時**，子女的聰明會古怪或減低，氣質也會減少，工作有起伏、精明、幹練的程度不高。理財能力會不好，與你不合有刑剋。**有劫、空同宮時**，子女會精明的不實

際，子女也會數目少或無。**有破軍同宮或相照時**，子女會窮，子女少。**有貪狼同宮或相照時**，與子女不和、子女糊塗，父子相互冷淡，對子女照顧不周。**有文昌化忌在子女宮時**，子女的聰明有問題，頭腦不清，讀書也不佳，會中斷。你自己本身的才華也古怪或不能發揮，與子女有錢財上的是非。

文昌居平、居陷在子女宮時，表示子女長相普通或粗俗，頭腦不好、唸書不行，不會讀書，未來也成就低。子女對錢財和利益不精明，不會理財，工作也不佳，有起伏。會做用勞力、粗重的工作。**有羊、陀、火、鈴同宮時**，子女較笨或衝動，或有古怪聰明，但工作能力更差，易不工作。**有劫、空同宮時**，子女少，或無子女，你也易有不實際之才華，或根本毫無才華。**有文昌化忌居陷在子女宮時**，子女長相粗醜、笨拙、腦子有問題，易工作能力不佳，或不工作，也易騙人、不正派。**有破軍同宮時**，子女更窮又粗鄙。**有貪狼同宮時**，你與子女不和，你對待子女的方式是冷淡、不慈愛的、懶得管的。

文昌在僕役宮

文昌單星居廟、居旺在僕役宮時，表示你周圍的朋友是智慧高、斯文、有氣質、精明、做事有方法、為人正派、長相美麗、講道理、知廉恥、知進退、有為有守、懂規矩，不會亂來、討人喜歡、文化水準高的朋友。同時你在交朋友時，也會注意此人的品行、行為、言談舉止、家世背景、人生目標、做事和對人的態度方法等等問題，不會胡亂交些粗俗、愚笨、穿著邋遢的朋友，你很注重人的外表和內心要表裡一致。同時你也會在文化圈、藝術圈中交

▼昌曲、左右

朋友、很注重其人事業上或學業上之才華。**當有羊、陀、火、鈴同宮**，你的朋友大多是內外不一，講一套做一套的人。斯文度也不高了，或有一半粗俗的人，朋友也不算美麗和精明了，朋友也常是工作有起伏、對你幫助不大的人，你也易與朋友有衝突，朋友也會陰險不佳又自私的人。**有劫、空同宮的人**，朋友雖精明，但對你仍無幫助，彼此來往少，你也不太會請精明的朋友幫忙。**有文昌化忌同宮時**，朋友是頭腦不清、計算利益與金錢的能力不好，理財能力不好、不宜合夥，或向友人投資。朋友間多金錢是非，朋友也易是在工作或學習目標上有問題的人。**有破軍在同宮與對宮相照的位置時**，朋友較窮、不富裕，也會連累你，對你無助益。**有貪狼同宮或在對宮相照時**，朋友和你交情冷淡，無幫助，朋友頭腦不清，政事顛倒，也會連累你，好事不找你，倒霉的事卻來找你。

文昌居平、居陷在僕役宮時，表示你周圍的朋友是長相和智慧皆普通或不佳，較粗俗，較笨。穿著邋遢，也不講道理或糊塗，理財能力不好，生活層次不高，也會較窮，工作能力差，以及不懂規矩，品行不高尚，工作能力差。你會瞧不起他們，與朋友之關係不太好，也要小心朋友連累你。**當有羊、陀、火、鈴同宮時**，朋友運更差，有不良，又笨、又窮的壞朋友來相害。**有劫、空同宮時**，朋友是粗俗不佳的窮朋友，也不相往來，你會較孤獨，不想交朋友，朋友對你沒有幫助和益處。**有文昌化忌居陷在僕役宮時**，你的朋友常是頭腦不清、糊塗、智慧有問題，較笨又粗俗、又窮、沒有優點的朋友，你也不想理他們，一理他們就有是非上身，很麻煩！**有破軍同宮或在對宮相照時**，朋友是粗俗的窮朋友，對你無益，而有連累。**有貪狼同宮或在對宮相照時**，與朋友不和，相互不瞭解，朋友會連累你。

文昌在兄弟宮

文昌單星居廟、居旺在兄弟宮時，兄弟長相美麗、氣質好、文化水準高，兄弟品行好，道德水準高，做人做事規矩，為人正派、工作能力好，精明幹練，未來成就也好。**有羊、陀、火、鈴同宮時**，兄弟不和，兄弟的氣質及美麗、文化水準、品行道德及工作能力和成就都不佳或大打折扣。**有劫、空同宮時**，兄弟是不實際的人，工作有起伏，對你無助益。**有文昌化忌同宮時**，兄弟頭腦不清、計算金錢和利益的能力不好，工作有起伏不順，也和你不合，常有意識型態和價值觀上的衝突和爭執。**有破軍同宮或相照時**，兄弟窮，和你不親密。**有貪狼同宮或相照時**，兄弟不和，冷淡，兄弟姐妹易晚婚或不婚，兄弟姐妹易拖累你，他們會糊塗、頭腦不清、政事顛倒。

文昌居平、居陷在兄弟宮時，兄弟長相不美或粗俗，文化水準低，生活不佳，頭腦不好，較笨，工作能力也不佳，和你感情也不合。他們也易是品行不佳的人。**有羊、陀、火、鈴同宮時**，兄弟不合，相剋害。**有劫、空同宮時**，兄弟少來往，無幫助、有連累。**有文昌化忌同宮時**，兄弟常有是非、是錢財或觀念相衝突。有理說不清。**有破軍同宮或相照時**，兄弟窮，相互感情不佳。**有貪狼同宮或相照時**，兄弟糊塗、亦會晚婚，會拖累你。

文昌在疾厄宮

文昌在疾厄宮時，不論居旺、居廟或居平、居陷，皆代表臉上有斑痕、痣或腸道有疾，要小心肺部、呼吸道及氣管不好，亦要小心大腸的問題，易腹脹、便秘、長痔瘡等問題。**有文昌化忌在疾厄**

宮時，小心大腸癌，**有文昌和地劫、天空有疾厄宮時**，也會小心肺癌和大腸癌。**有破軍和文昌同宮在疾厄宮時**，易體寒、有肺部、氣管不好、身體不好、體質弱、為先天窮，亦要小心水厄，勿到水邊活動。**有羊、陀、火、鈴同宮時**，有傷災、開刀、血光、車禍等問題，健康不好少多病更要心臟也不佳、皮膚病、長腫瘤。

文昌在田宅宮

文昌在田宅宮居廟、居旺時，表示有漂亮精緻的房地產。財庫豐滿，會理財，房地產的價值高。你家中的人長相美麗斯文、有文化水準，做人正派講道理。你也很會理家，家中富裕，生活富足。**有羊、陀、火、鈴同宮時**，房地產留不住，房地產也不高級，不算漂亮。家中人的人易勾心鬥角，頭腦不清、衝動，家人理財能力

不好，家中財物有損耗，不會很富裕。**女性有此格局者**，要小心子宮有問題。**有劫空同宮時**，房地產時有時無，留不住，房子住家是外美內空的狀況，家中不富裕，只是看起來還好。**有文昌化忌在田宅宮時**，家中財務有問題，理財能力不佳，家人頭腦不清。房地產有糾紛、留不住。女性有此格局時，小心子宮有問題，易開刀或拿掉。**有破軍同宮時**，家中窮，無房地產，女子有此格局時，易生子少，或生不出子女，或子宮開刀。**有貪狼同宮時**，與房地產無緣，家中之人頭腦不清，彼此冷淡，不溝通。女子有此格局時，子宮有問題，生子少，或不能懷孕。

文昌居平、居陷在田宅宮時，表示房地產少或無。你家中的住屋較粗俗、不美麗。你家中的人也會文化水準不高，較粗俗，家中也較窮不富裕。**有羊、陀、火、鈴同宮時**，無房地產，家中人彼此

▽昌曲、左右

不合，對立，財物有損，有錢也留不住，會彼此爭奪。女子有此格局時，子宮不好，易開刀或拿掉子宮。**有劫空在田宅宮時**，房地產留不住，家中常無人在家。女子有此格局時，小心子宮有病變。**有文昌化忌居陷在田宅宮時**，家中窮又有金錢是非，住家也常發生糾紛、是非。你的住所不漂亮，且有很多雜物堆積，生活環境不佳。**有破軍同宮時**，家中窮，房子破。**有貪狼同宮時**，與房地產無緣，家人冷淡、不合。

第二節　文曲在『父、子、僕』及『兄、疾、田』對人之影響

文曲在父母宮

文曲居廟、居旺在父母宮時，父母口才好，愛講話，喜歡熱鬧及表現，桃花多，人緣好，外交能力好，好動，活潑，怕孤單，與你的關係好，會和你溝通。**有羊、陀、火、鈴同宮時**，父母口才好，多心計，和你不合，常罵你，他們本身人緣欠佳，溝通方法也不好，但會挑剔別人，挑剔你。**有劫空同宮時**，父母還是口才好，但

不一定人緣佳，對你的照顧也不一定好，對你無幫助，**有文曲化忌在父母宮時**，父母口才有問題，常說錯話，惹是非，和你不合，頭腦不清，才華也有問題。**有破軍同宮或相照時**，父母較窮，和你不合。**有貪狼同宮時**，父母頭腦不清，和你不合，對你冷淡，不瞭解，也無法溝通。

文曲居陷在父母宮時，父母口才不佳，人緣不好，也不喜熱鬧，不喜表現，活動力差。和你的感情也不親密。**有羊、陀、火、鈴同宮時**，父母對你感情差，少來往，也不會溝通。**有劫空同宮時**，父母對你冷淡，沒有幫助。**有文曲化忌居陷在父母宮時**，父母口才差，又易惹是非，和你不合，對你不好。宜早離家為佳。**有破軍同宮或相照時**，父母窮，也無才華，和你不合。**有貪狼同宮時**，父母與你不合，無法相互瞭解溝通。

文曲在子女宮

文曲居廟、居旺在子女宮時，子女口才特佳，才華多，愛講話，喜歡熱鬧，很聒躁，他們人緣好，外交能力佳，好動，活潑，愛撒嬌、伶俐、討人喜歡，與你的關係好，子女也易出名。**有羊、陀、火、鈴同宮時**，子女數會減少，子女和你不合，他們的口才銳利，或不愛講話，人緣關係也會不好。**有劫空同宮時**，子女少，或離得遠，不常相聚，也會彼此少關心。**有文曲化忌子女宮時**，子女講話有問題，易惹是非，才華也無法發揮，不會出名。你和子女不合，自己也易無法出名。**有破軍同宮時**，子女較窮，和你不合。**有貪狼同宮時**，子女糊塗，和你不合，不瞭解，少溝通。

文曲居陷在子女宮時，子女略少，子女口才差，才華少，很

靜，不愛講話，他們的人緣也不太好，不愛動，也不活潑，與你的關係也不算很好，未來工作也易不順利。**有羊、陀、火、鈴同宮時**，你和子女不合，子女讓你頭痛，子女數量少，也會不生。**有劫空同宮時**，子女和你離得遠、不合，沒有助益。**有文曲化忌居陷在子女宮時**，和子女不和或不生子女，若有子女，則子女頭腦不清，人緣不佳，多是非，都是不易成名之人。**有破軍同宮時**，子女是窮人，工作能力不好，多耗財，與你不合。**有貪狼同宮時**，與子女不合，不能溝通。子女頭腦不清。

文曲在僕役宮

文曲居廟、居旺在僕役宮時，朋友是熱鬧，愛說話，口才好，才華多的人，活動也會多。你的人緣好，交際多，好動，很少

有清靜的時候。**有羊、陀、火、鈴同宮時**，朋友運不佳，多是非糾紛，朋友不合，你無人緣，和人少來往。一來往就有麻煩。**有劫空同宮時**，朋友無助益，常熱鬧了一下或熱鬧一半就人去樓空，你常孤獨，朋友少。**有文曲化忌在僕役宮時**，朋友多口舌是非，一熱鬧就有是非，沒朋友也沒是非。和朋友不合，朋友都是古怪或沒名氣的人。**有破軍同宮或相照時**，朋友都是窮朋友，只會來耗你的財，對你無助益。朋友少，也不想和他們往來。**有貪狼同宮時**，朋友和你不和，彼此冷淡，少來來往往，亦要小心被朋友拖累。

文曲居陷在僕役宮時，朋友少，也不熱鬧，朋友皆是口才不好，才華少之人。你的人緣關係較差，活動少。**有羊、陀、火、鈴同宮時**，朋友運不佳，常有衝突，彼此不來往。**有劫空同宮時**，朋友少，朋友無助益，你較孤獨，少與人來往。**有文曲化忌居陷在僕役宮**

時，你與朋友不合，多是非，有糾紛，你少與人來往，桃花少，人緣差，朋友都是頭腦不清、口才和才華都不好的人，易瞎胡鬧，你也不想理人。**有破軍同宮或相照時**，朋友皆窮，又無才華，來往少，小心破財。**有貪狼同宮時**，朋友運不佳，彼此冷淡，少來往，亦要小心受拖累。

文曲在兄弟宮

文曲居廟居旺兄弟宮時，兄弟是口才好，才華多，伶俐可愛，喜歡表現的人。兄弟會多一些，很熱鬧，兄弟的桃花多，人緣交際廣，與你關係合諧。也易有名氣好的兄弟姐妹。**有羊、陀、火、鈴同宮時**，兄弟不合，多紛爭與。**有劫空同宮時**，兄弟無助益，少來往。**有文曲化忌在兄弟宮時**，兄弟口角多，是非多，兄弟是頭腦不

清，難出名的人。**有破軍同宮時**，兄弟窮，和你不合，易為兄弟耗財。**有貪狼同宮時**，兄弟相處冷淡，家中有晚婚或不婚之兄弟姐妹，彼此少交談。

文曲居陷在兄弟宮時，兄弟口才差，才華少，不喜表現，較靜。兄弟數也少。兄弟的人緣也略差，能力也差。**有羊、陀、火、鈴同宮時**，兄弟不合多爭鬥、吵架或冷戰，兄弟的工作能力差。**有劫空同宮時**，兄弟無助益，兄弟少，或無，或不來往。**有文曲化忌居陷在兄弟宮時**，兄弟不和多是非衝突，不來往。兄弟是頭腦不清，人緣不佳，能力不好的人。**有破軍同宮時**，兄弟耗財，和你不合。**有貪狼同宮時**，家中有人緣不佳、且晚婚、不婚的兄弟姐妹，他是頭腦不清的人。

文曲在疾厄宮

當文曲在疾厄宮時，不論旺弱，都代表膽部較弱，更要注意下半身寒涼，腎臟和膀胱較弱的問題。**有羊、陀、火、鈴同宮時**，有傷災、肝膽疾病，要小心皮膚病、腎臟、內分泌、腫瘤等問題。**有地劫、天空同宮時**，要小心癌症，是肝膽、腎、膀胱方面的癌症。女性要小心子宮、卵巢方面的癌症。**有文曲化忌在疾厄宮時**，要小心肝膽、腎、膀胱方面有問題及癌症。女子更要小心子宮癌、卵巢癌或子宮頸癌。**有破軍同宮或相照時**，身體不佳，較弱，是身體資源的窮，更要小心肺部、氣管不好。易感冒、肝臟、膽部也要小心。**有貪狼同宮時**，要小心肝膽與神經系統不良症，與血液流通不順暢的毛病。

文曲在田宅宮

當文曲居旺在田宅宮時，表示房地產多一點。而且房地產是有流線型或波浪型、很時髦或很可愛的房子。你的財庫很熱鬧，常有財進。你的家中也很熱鬧，常招待客人。你的家人口才好，人緣好，你也很喜歡炫耀家中的裝潢與擺設，或是家人親密的關係。但你的房地產是屬於小巧可愛型的，並不一定很值錢。**有羊、陀、火、鈴同宮時**，房地產留不住，家中房舍有古怪或雜亂現象。也會小而擁擠，住不舒服。你的家人之人際關係不佳，會言詞銳利而刺人。家中氣氛很衝動，不合諧，女子有此田宅宮時，易子宮開刀或有病。**有地劫、天空同宮時**，家中偶而熱鬧，但大多數時候人少，大多數時間會鬧空城計，家中無人。你的房地產會進出，留不住。你也易租

屋生活，女子有此格局時，子宮較弱，生子不易。要多保養。**有文曲化忌在田宅宮時**，你的房地產留不住，房子常有口舌是非，而且房子易有古怪的外觀樣子，或古怪的室內裝潢，住得不舒服，或易遭災。你家中的人，也易人緣不佳，相互有口舌是非，不和睦。女子有此格局時，要小心子宮有問題，生子不易。**有破軍同宮或相照時**，你家中窮，易無房地產，住屋外觀易破爛殘舊或有漏洞，漏雨或濕壁。你家中的人，只會破耗，或相處不和睦，逃不出窮困的日子。女子有此田宅宮時，易子宮不易受孕，生子不易，也易子宮開刀。**若有貪狼同宮時**，與房地產無緣，會租房住用。你家中的人會不和，彼此冷淡，不能溝通，女子有此田宅宮，也要小心子宮纖維化，或子宮神經系統不良症。

文曲居陷在田宅宮時，表示房地產少，而且房地產外觀樣子舊，不可愛，也表示你的財庫財少。你的家人是人緣不佳，家中少人來往，家中很靜，家人也不太講話溝通。**有羊、陀、火、鈴同宮時**，房地產更少，更留不住，家中多爭鬥，是暗中爭鬥，家中人也少。房子醜又雜亂，住不舒服。女子有此格局時，會子宮開刀或切除，小心性病、內分泌等問題。**有劫空同宮時**，家中人少，房子留不住，家中很，常無人在家。家中也不富裕。你的財庫常空。女子有此田宅宮，子宮弱，易無法懷孕，或做子宮切除，而不孕。**有文曲居陷化忌在田宅宮時**，你無房地產，住家買屋也易有是非、糾紛。房子會有古怪的外觀或雜亂的居住環境。女子有此田宅宮，易子宮有病痛，開刀或不孕。**有破軍同宮時**，家中窮，沒有房地產。家人不和多爭吵，為財爭吵。住家外觀易殘破不堪，女子有此田宅宮，易不孕，受孕難，或子宮開刀。**有貪狼同宮時**，與房地產無緣。你家中的

人相互冷淡，不合，較靜，不太交談，也不親密。女子有此田宅宮時，要小心子宮有病變，懷孕不易，或開刀。

第三節　昌曲同宮在『父、子、僕』、『兄、疾、田』對人之影響

昌曲同宮在父母宮

文昌、文曲同宮，只有在丑宮及未宮的時候，是故這也是父母宮在丑、未宮，而父母宮中有文昌、文曲同坐的意思。

若父母宮是空宮，只有文昌、文曲同宮時，在丑宮，表示父母很美麗、有氣質、溫和桃花多。父母愛享福，父母之中有感情外遇的跡象。父母是經濟上富裕的人，會理財，對錢精明，尤其對享福和戀愛之事特別拿手。他的也對生活素質要求高，生活很有品味。**在未宮**，父母的長相、氣質和經濟能力普通，對錢不精明，但也桃花多，易有感情出軌及外遇跡象，愛享福，但享福不多，易工作能力不佳或父母離異。

昌曲、擎羊在父母宮時，在丑宮，父母外表強勢，長相還端正，父母與你不合，對你要求多，斤斤計較，父母使你頭痛。父母若有桃花會離婚，會影響到你幼年生活。父母若不離婚，你會早離家。**在未宮**，父母的經濟能力差，外表長相普通。父母會連累你，你易早離家，父母也易有不好的桃花，或根本無桃花，但窮困沒工

作能力，或父母離異。

昌曲、陀羅在父母宮時，**在丑宮**，父母笨，但外表還清秀，性格悶，不太講話，易有不好的桃花外遇事件，錢財會不多。父母與你關係不親密，關係普通。**在未宮**，父母外表笨，不清秀，粗壯，性格悶，與你感情不佳，父母的經濟能力差，理財能力不好。

文昌化忌、文曲在父母宮時，父母頭腦不清，在文書和精明度上有糊塗現象，喜歡講話，但講話內容的組織能力不好。父母的相貌，臉上有迷惘、模糊的狀況，長相不容易讓人記得清楚，長相普通。父母和你不合，和你也常有價值觀和計算利益及計算錢財上的衝突。有桃花，是糊塗桃花。父母易被騙。

文昌、文曲化忌在父母宮時，父母頭腦不清，口才不好，常說錯話，惹是非，父母和你不合，父母無才華，也人緣關係不佳。有時也會有奇怪糊塗的桃花，父母易被騙。

昌曲、左右

昌曲和紫破同宮在父母宮時，在丑宮，父母是外表長相氣派，還算美麗，稍有氣質，但是窮命的人，破耗，不會理財，終日為錢財所困，易離婚或有婚外情，父母與你是表面關係好，但並不和，對你照顧也不算太好。**在未宮**，父母外表長相還算氣派，但並不美麗，無氣質，較窮，工作能力不好，愛享福也未必享得到，有桃花外遇及離婚問題，無法照顧你，跟你感情也不親密不合。

昌曲和武貪同宮在父母宮時，父母是外表氣勢強，但溫和的人，會頭腦糊塗、政事顛倒，與你不親密，不能溝通，父母有桃花問題，是表面精明，有賺錢機會，比你的財富略多的人。

昌曲同宮在子女宮

昌曲同宮在子女宮時，**在丑宮**，表示子女很美麗，有氣質，有才華，很活潑，愛講話，但愛享福，較懶惰，喜靠人生活，桃花事件多，喜談戀愛，未必有成就，但經濟能富裕。**在未宮**，子女長相普通，愛講話，較懶，桃花多，易靠人生活，工作能力不強，經濟狀況普通。

昌曲、擎羊在子女宮時，可有子女一人，或不生。子女是脾氣計較的人，**在丑宮**，子女較端正，長相略好。**在未宮**，子女長相普通，略醜，子女會讓你頭痛，他們是工作能力不好，或有邪淫桃花，或凶悍好事，內心狹窄的人。也會不工作，性格懦弱，不講道理，愛胡鬧，靠人養活。

昌曲、陀羅在子女宮時，子女不多，一、二人，子女是頭腦笨、又性格悶的人。**在丑宮**，外表略漂亮，**在未宮**，長相粗壯，不美。子女是喜好享福，但未必享得到福，有不好的桃花，拖累人生的人，一生多是非，不平順。

文昌化忌、文曲在子女宮時，子女頭腦不清，易在文書和精明度上有糊塗現象，讀書不好，喜歡講話，但內容顛三倒四，子女在相貌上，臉上有模糊，迷惘的狀況，不容易讓人有深刻印象，子女和你不合，易受騙和吃虧，且不聽你的話，子女人生多起伏，事業易不順。

文昌、文曲化忌在子女宮時，子女頭腦不清，常有口舌是非，和你不合，人緣關係不佳，有桃花糾紛，易被騙，讀書唸不好，不聽你的話，有機會也無法成名，人生多起伏，事業易不順。

昌曲和紫破同宮在子女宮時，子女外表還氣派，美麗，但為窮命之人。桃花多，易靠人生活，感情複雜，也易和人同居，性格是外表強勢，口才銳利，但內在懦弱，子女和你不算和睦，常有口角。

昌曲和武貪同宮在子女宮時，子女是桃花多，運氣好，性格強勢，但表面溫和，頭腦糊塗，政事顛倒之人。財運會順利，也易靠人得財。你與子女不太能溝通，感情冷淡。

昌曲同宮在僕役宮

昌曲同宮在僕役宮時，在丑宮，表示朋友皆為美麗、溫和、有氣質、水準高很會理財、對錢精明，但是與男女關係有關的朋友，或是有情色關係的朋友。朋友皆愛享福，較懶惰，不積極，但錢財

還富裕，注重享受。朋友與你的關係好，但易建築在男女色情方面的事情上。**在未宮**，朋友的長相普通、經濟能力也普通，朋友關係也是建立在男女關係上，你與朋友關係也普通。你易靠人吃飯維生。

昌曲、擎羊在僕役宮時，與朋友不合，朋友是表面長相還美麗，但計較、陰險強悍之人。朋友的財力也不佳，你易因桃花受騙、遭災，不能與人合作。

昌曲、陀羅在僕役宮時，與朋友不合，朋友是較笨，是非多，性格悶，錢財也易不順、耗財多的人，你也會因桃花受騙、遭災，不能投資。

文昌化忌、文曲在僕役宮時，與朋友不合，朋友多半是頭腦不清，理財能力不好，是非不明，會因男女之間的錢財關係而有衝

突。桃花是糊塗桃花，易受騙。不能投資朋友。

文昌、文曲化忌在僕役宮時，與朋友不合，朋友是頭腦不清、易惹口舌是非，有糊塗桃花，或人緣不好，有感情糾紛的人。你也易受騙。不能投資朋友或和人合夥。

昌曲與紫破同宮在僕役宮時，朋友是外表美麗，氣派，朋友較窮，但喜花錢，耗財，會拖累你的人。朋友中也多半是有邪淫桃花，不正婚姻的人，不能對朋友投資，有去無回。

昌曲與武貪同宮在僕役宮時，朋友是表面溫和、桃花多，機會好，錢財也豐裕，但頭腦糊塗，對錢雖精明、小氣，但理財能力不算好的人，會對你冷淡，不親密，朋友也多半有糊塗桃花，愛享福，做事不太積極，但你本身在丑、未年仍有偏財運。

昌曲同宮在兄弟宮

昌曲同宮在兄弟宮時，在丑宮，兄弟長相美麗，有氣質，會理財，文化水準高，聰明，伶巧，口才好，桃花多，兄弟之中有靠桃花色情享福不工作的人。兄弟相處和睦。**在未宮**，兄弟長相普通，不會理財，文化素養普通，口才好，錢財不多，兄弟中有喜歡桃花色情之人。兄弟還和睦相處。

昌曲、擎羊在兄弟宮時，兄弟不和，兄弟一、二人，兄弟是多計較，陰險，會相爭鬥的人。兄弟中也易有傷殘現象的人，兄弟更易讓你頭痛。

昌曲、陀羅在兄弟宮時，兄弟不和，兄弟一、二人，兄弟是性格悶，較笨，不太言語，但彼此會暗地較勁，更彼此不溝通、來往，兄弟的工作時間不長久。

文昌化忌、文曲在兄弟宮，兄弟是頭腦不清，不會計算利益及金錢上搞不清楚，與你多是非，有錢財上和你價值觀不相同及多是非。兄弟也會有糊塗桃花，易受騙。

文昌、文曲化忌在兄弟宮時，兄弟是頭腦不清，口才不好，易惹是非之人。兄弟的才華不好，不易出名，有古怪、糊塗的桃花，易受騙，工作也不長久。

昌曲和紫破同宮在兄弟宮時，兄弟較窮，但長相氣派，愛花錢，和你不合，兄弟多桃花，易因桃花關係而人生不順，婚姻不美滿，兄弟也易靠人吃飯。

昌曲和武貪同宮在兄弟宮時，兄弟不和，彼此冷淡，少溝通，兄弟是頭腦糊塗、政事顛倒之人。但他們的運氣好，會有錢財，但

未必會幫助你，反而在桃花問題上耗財多。

昌曲同宮在疾厄宮

昌曲同宮在疾厄宮時，無論在丑宮或未宮，都代表肺部、氣管、呼吸道、大腸較弱，有痔瘡，易感冒或有鼻病。還有下半身寒涼、腎臟、膀胱、膽部較弱。以及腎虧、婦女病這些和男女關係有關的生理問題、性病之類的問題。

昌曲、擎羊在疾厄宮時，除了前者問題之外，需小心心臟、四肢無力，頭痛與傷災，以及性無能，或性病所造成之傷害，肝病、脊椎骨側彎及受傷等。

昌曲、陀羅在疾厄宮時，除了前者問題之外，要小心手足傷災，牙齒壞傷，身體駝背、彎曲、大腸、痔瘡、性無能，或性病之傷。

文昌化忌、文曲在疾厄宮，要特別小心大腸癌、肺癌、及身體上火下寒之症，以及性病。

文昌、文曲化忌在疾厄宮時，要特別小心腎臟病、膀胱癌、內分泌失調、性病、婦女病、大腸及肺部、肝臟等問題。

昌曲和紫破同宮在疾厄宮時，表示身體窮，但表面看起來還好。要小心房事過多，所引起之性病或性無能，更要小心泌尿系統、腎臟、婦女病的問題。

昌曲和武貪同宮在疾厄宮時，要小心肺部、氣管、感冒問題較嚴重，大腸有問題，以及手足神經系統不良，血液不流通的問題。

昌曲同宮在田宅宮

昌曲同宮在田宅宮時，在丑宮，表示房地產還不少，有多棟。

房地產是美麗、精緻，有裝潢美麗、價值高、外表高尚的房子。亦表示你的財庫很豐裕，生活舒適。你的家人溫和美麗，有教養。但你的家中多桃花事件，屋內易有桃花情色和性關係有關之事發生，要小心家人偷情，你易住在風化區，或附近易有情人談戀愛的場所。例如附近易多賓館等地區。女子有此田宅宮時，要小心子宮，會因房事過多而身體不佳。**在未宮**，房地產不多，家中人理財能力較弱，家中富裕程度不高，你的房地產不美麗、價值也不高。你的財庫不太豐裕。生活過得去，不太有錢。家人溫和、家世普通。家中多桃花，屋內易有不倫之性關係存在。女子有此田宅宮時，要小心房事過多，子宮較弱。

昌曲、擎羊在田宅宮時，房地產留不住，財庫有漏洞，也不豐裕。家人理財能力不好，大處不算，小處算。家人好計較，多明爭

暗鬥，家人不合，也不會太有錢，**在未宮時**，還會家窮。當昌曲、擎羊在田宅宮時，家中多麻煩事會騷擾你。你有房地產就有麻煩。無房地產較清靜無憂。你的錢財永遠存不住。你也容易住在表面美麗，但地處凶險的地方，易遭小偷，或三叉路口或有路衝。家人中易有不好、不倫的桃花影響你的生活。女子有此田宅宮時，要小心子宮有病變，會開刀，或拿掉子宮，或因性病影響生孕機能。

昌曲、陀羅在田宅宮時，房地產留不住，財庫被磨平，有漏洞，家中不豐裕，你易住在表面美麗，但內在雜亂、破舊或靠近垃圾場、墓地、破舊不美的環境地方。家人較笨，不精明，計算利益的能力不好，不會理財，家人較悶，少溝通，不合。女子有此田宅宮時，要小心子宮有病變，不易懷孕，亦要小心子宮外孕。

文昌化忌、文曲在田宅宮，房地產有麻煩、留不住，或房子契

約有問題。你的財庫不美，計算及理財能力不好，你易住在熱鬧但外表及地區古怪、不富裕的房子之中。房子也容易不在你的名下，在你名下就有麻煩，家中有很多人同住就熱鬧，你的家人頭腦不清，理財能力不好，與有錢財計算上是麻煩，賺錢也不多。女子有此田宅宮時，易有糊塗桃花而使子宮不好、較難懷孕，或子宮發生病變，易開刀。

文昌、文曲化忌在田宅宮時，房地產不多也多麻煩，不易留得住，家中多是非或桃花問題所引起的糾紛。家中人口才不好，多爭執，家中人少在家，在家就有是非，你易住在不熱鬧，或一熱鬧就有糾紛。會住在還算美麗整齊但較偏遠、孤寂或外型古怪的房子之中。家人也會頭腦不清，人緣關係不佳。家中也易有糊塗桃花所帶來之是非糾紛。女子有此田宅宮時，會因內分泌不調，經水不調，

房事過多而不易懷孕，子宮也易開刀。

昌曲和紫破同宮在田宅宮時，房地產留不住，家中窮。但你會住外表漂亮，價值高的房子，易花很多租金去住。家中是內虛外美的狀況，家人多愛享福，愛靠你過日子。自己或家中易有桃花和不正的婚姻。女子有此田宅宮時，要小心性病和婦女病。

昌曲和武貪同宮在田宅宮時，易與房地產無緣，有了又失去。你會住在美麗或突然得到的房子之中，家中還富裕，會突然有錢，但不長久。家人頭腦不清，有糊塗桃花，家人彼此冷淡，很會計較錢財，你在丑、未年有暴發運。女子有此田宅宮時，要小心性病及性無能之狀況。

第七章　左輔、右弼的特質

左輔，五行屬戊土，屬陽，是北斗星帝極佐帝之星，行善令，在數主善。

左輔在十二宮中無失陷，只是在火土之宮位較旺，在水宮較弱，木宮受剋，也較弱。但一般不太標明其旺弱強度。它是以同宮星曜之強弱力道，而加以增分、增強或趨凶減分的。

安左輔、右弼月系星表

本生月 \ 星曜	左輔	右弼
正月	辰	戌
二月	巳	酉
三月	午	申
四月	未	未
五月	申	午
六月	酉	巳
七月	戌	辰
八月	亥	卯
九月	子	寅
十月	丑	丑
十一月	寅	子
十二月	卯	亥

左輔星一般來說，他是性格不明顯的，它會以同宮的星曜來加強其意念。但如果要細細品味，也可發現左輔自身還是有某種個性存在。例如：表面忠厚、老實、隨和、人緣好、性格溫和、耿直、舉止端莊、穩重、聰明、機智、有謀略，也會度量大、為人寬宏，有自己內在的固執，在做事方面，是行事穩健、溫和，但欲達目的有耐心去磨，也要頑固的達成目標的。

左輔星算是善星、吉星，他不喜歡尖銳的衝突，他雖有自己的

理念，但堅持性不強，他只是利用合作的方式，與人為善，強力要達到輔助、合作，使事情成功之目的。他是近朱者赤，近墨者黑的，因此他是助善也助惡的星。他天生的職責在於輔助，因此只要達到輔助功能，便算達成任務而無憾了。因此，他也是不計是非黑白，只求幫助了沒有、幫忙了沒有的事情。

左輔單星在命宮時，為空宮坐命，其人臉型圓長，面色黃白，略瘦。性格敦厚、慷慨、風流。女命則溫厚、賢明、能幹、操持家務很盡心盡力，愛多管多勞。左輔入命、身等宮時，多離宗庶出，或由別人帶大，幼年與父母不親。

左輔在夫妻宮，主二度婚姻，或雙妻之命，有桃花出軌，或同時愛上二、三個情人。易婚姻不正。在感情上會左右為難，拿不定主意，有擎羊、左輔同宮，或左輔、廉貪同宮，易受強暴或被迫成

婚。

左輔在疾厄宮，主脾胃不佳，腎臟、膀胱較弱或有病，腳腿浮腫，濕熱下注等病症。在其人八字中是火土重、水少之八字組合。

左輔在田宅宮，主有人（指男性平輩）幫忙有房地產（有殺破狼及刑星同宮不在此論），房地產是微高之地、築於山地上之房子，是土型的房地產，房子外表是土色或不高的梯形房子（地基寬、上窄、不高的房子）。也代表附近有商業機構或未蓋成的房子之廢基，以及附近是平型、梯型的環境。

左輔在官祿宮，讀書時易中途中斷、重讀、留級、重考。在事業上時也易多起伏、改行、重新再出發。但也易有幫手，有平輩貴人相助，為晚發的格局。

左輔在福德宮，本性多與平輩之人親近，天生有幫手相助，但

做事也易進退、拖拉、好事多磨。

有左輔化科在『命、夫、遷』等宮，會因桃花出名。

右弼，五行屬癸水，屬陰，為帝座旁司令主宰之星，司制令，主善。

右弼在十二宮無旺弱之分，到處降福。但它會在水宮較旺，在火、土宮較弱。在木宮居平。但一般也不標明其旺弱強度。它也是以同宮星曜之強弱而加以增分、增強或趨凶減分的。

右弼星一般來說，也是性格並不十分明顯的，它會以同宮的星曜來加強、與輔助其意念。但它是比左輔在性格上仍有一些強烈一點的特質。例如：右弼帶桃花，會表面隨和、內心專制、剛強，專制會表現出來。大致也忠厚、好濟施、很熱心，只要自己認定的

人、事、物，就會熱心、雞婆的去幫助人，付諸行動很快速。他不認定的人、事、物就死活不理了。他會具有同情心、講義氣，而且是頑固的義氣，不太輕易改變。亦會有野心，對桃花或工作有野心。凡有右弼入『命、夫、遷』等宮的人，較易自己主導桃花戀情，但不一定會成功。也會同情失戀者，進一步噓寒問暖、推心置腹，變成對方的新情人。右弼也具有強力要輔助，有很好的合作精神，但會專制，形成小圈圈，包圍住特定的、自己喜歡幫助的人，多管束其人，再達到自己幫助的目的。因此你如果是被幫助的人，會受約束、被管，會有一點不自由的痛苦感覺，但被幫助還很樂意的，倘若你是個性格保守、內向的人，你就不在乎受約制。倘若你是個性格剛烈、愛自由、不服管束的人，就會痛苦要掙脫了。

右弼星單星在命宮時，為空宮坐命。其人臉小圓長型，身材中

矮而瘦、臉上是面色青白，但有痣或斑痕，性格保守、內在豪爽、耿直、處事小心謹慎，心中有謀略，常有孩子脾氣，表面害羞、膽小、內向、愛幻想，喜歡照顧家庭，佈置家裡，喜做家事，體貼情人和配偶。把家中當做是自己的勢力範圍，愛管事、也會管得好，對自己的親人很照顧，他是對自己親友重感情、講義氣的人。

右弼入身、命二宮，多離宗庶出，或幼年由別人養大，幼年與父母不親，長大時會變好。

右弼在夫妻宮，主二度婚姻，或做黑市情人，婚姻不正，也易同時有二個情人或有婚外情。在感情上易左右為難，拿不定主意。

右弼在疾厄宮，主先天不足，經水不足、失調、精神耗弱，及陰虧、陽痿、下半身寒冷，手足冰涼，上火下寒之疾。

右弼在田宅宮，主有人（指平輩女性）幫忙有房地產（有殺、破、狼或刑星同宮不在此論）。主房子小巧可愛，有裝潢、有佈置，是溫暖的小屋。房屋附近有水道、水溝、或水坑、井泉之類的、小的聚水型的造景環境。或是依山而築、傍水的小屋。

右弼在官祿宮，讀書時容易中斷、重讀、重考。在事業上有幫手，但也會起起伏伏，重新再出發。有晚發格局。

右弼在福德宮，天性性格會小氣，胳臂肘往內彎，對自己人很好，排斥外人，性格保守，有女性緣及幫手，愛做家事，對家人愛護，也會霸道。享福享不多。

有右弼化科在『命、夫、遷、福』等宮時，會因桃花出名，易有緋聞。

左輔、右弼在行運中，在大運、流年、流月中，會考試重考，做事有幫手，但也會有二次重做之機會運氣。也可能有人愈幫愈忙。

第一節　左輔、右弼的特質意義

紫微和輔弼同宮

左輔、右弼是輔星，特質為輔助之星。當然最好的是和紫微同宮，能輔助像帝王一般的特權力量。通常有紫微單星和左輔、右弼其中之一同宮時，只有以紫微、左輔或紫微、右弼同宮，因為左輔、右弼是月系星之故，只有在四月生之人，其左輔、右弼兩顆會一同出現在未宮。只有十月生的人，左、右二星會同宮並坐在丑宮。因此紫微單星要形成『紫微、輔弼同宮，一呼百諾』的格局，並不容易。而能形成『紫微、輔弼』同宮的，只有紫破能和左輔、右弼同宮坐於丑宮或未宮，但輔星很有意思，它是助善也助惡的。

因此當『紫破、左右』同宮時，它能使人生增高，有左右手的輔助力量，也喜好打拚，性格很強勢。但破耗、消費的能力也特強，因此也並不算十分完美的格局。

左輔、右弼助善也助惡

其實在命局中的任何一個宮位，只要有一個左輔或一個右弼出現，就具有輔助力量。當然在丑宮或未宮，有左輔、右弼兩顆星同時存在時，輔助力量更大。但是輔星具有助善也助惡的本質，是故輔星和吉星同宮就助吉，和煞星同宮，就助惡，和財星同宮就助財祿，和福星同宮就幫助享福，享福太多會懶惰。和運星同宮就助好運，和刑星同宮，就助刑剋。和耗星同宮就助破耗。

因此左輔、右弼要看同宮的是何星曜，就知道是那一類內容的

輔助力量了，輔助的是吉？是凶？就要看同宮星曜是吉星還是凶星而定。輔助力量的深淺力道，也是看同宮主星的旺弱平陷而定。例如天同、左輔在亥宮，天同是居廟位的，故幫助享福的力量會更大，凡事更溫和，能自然而然的消彌災厄的力量也愈強，而可以逍遙自在的享福或懶在那裡了。例如天相陷落和右弼同宮，則右弼會幫助陷落的天相福星更不平順，災難更多，更淒慘無依。

左輔、右弼都代表平輩貴人運

左輔代表男性平輩的貴人運。右弼代表女性平輩之貴人運。所謂貴人也並不一定是貴人。如果在你命盤中的左輔或右弼星是和煞星如七殺、破軍、羊、陀、火、鈴、劫、空、化忌同宮，則更刑剋、更凶。這也是左、右會助善，也會助惡的本質所造成的。那就

不是貴人運，而是惡運了。左輔、右弼只有和吉星、福星的運星同宮才有貴人運。例如左輔、右弼和貪狼同宮，又能形成『武貪格』、『火貪格』、『鈴貪格』等暴發運的話，左、右二星會助運，會幫助偏財運暴發的力量發得快一點、大一點。

左輔、右弼亦有加重、加強、加分的意義

左輔、右弼是輔助之星，在和吉星同宮時，會輔助吉星更加吉、更祥順。因此給吉星有了加分和加強的作用。但左輔、右弼也會助惡，它們和煞星同宮時，相對的也替煞星加強及加分、加份量，就更形凶惡了。

例如：紫微、左輔同宮時，紫微是一切制化趨吉的至尊之星曜，有左輔時，就更加祥順而高高在上，表示旁邊有人會幫助他高

貴、掌權力，使他地位高，也會使他祥順。是故，可不費吹灰之力，自己也不必多勞動便能平順、祥和、享福了。這同時，他也具有領導力和降服別人的力量，真可稱為黃袍加身，受人愛戴，自然而然的得到崇高的領導地位和權力。

例如：破軍和左輔同宮時，輔星就幫助更打拚、更勞碌、更破耗、更囂張拔扈，言行粗鄙、更大膽、更不按牌理出牌。倘若破軍、左輔星在命宮，其人就是更勞碌、更愛打拚、言行狂妄、大膽、敢於犧牲一切，破耗很凶、不計代價，想達成目的的人。其人生的成敗要看行運的好壞而定了，亦會大起大落，起伏不定。人生是不穩定，終日奔波勞碌的狀況。**倘若破軍、左輔星在財帛宮**，則有人幫著打拚和花錢，易入不敷出，錢財是無剩餘，且理財能力不好、花的比賺的多的。**倘若破軍、左輔在官祿宮**，則是事業愈打拚

愈耗財凶，不打拚還好，愈打拚愈虧錢。

曾有一位先生來算命，他即有此官祿宮。他本來有家產的，父母留下許多田產、房子，後來因為做生意都漸漸賣盡，還欠下幾千萬的債務，覺得自己運氣背，於是想來問問看，到底何時能轉運？我告訴他說：只要不要做事或做生意，就能停止破耗，看看子女是否能幫忙還債，讓家人幫幫忙也許還好一點。其實從八字中也可看出此人適合韜光養晦，不適合工作，一工作就想做大的，凡是做事都要投資很大，沒有經濟與成本學的概念，希望太大，損失就慘重。所以不做事反而是少虧為贏的好事了。目前還好的是：他仍有一座莊園，生活無慮，但他對自己太有自信，以為自己只是運氣不好，不是沒有能力賺大錢，這是自己對自己認識不清的結果。

如果破軍、左輔在田宅宮時，就表示房地產消耗得很快，也會

房地留不住。財庫是破的，又有人在幫忙耗財。家中有人在幫忙花錢，錢財也留不住，存不了錢。家人也會是脾氣大、性格強悍，與你不合的人，好的事不幫你，不好的事，都幫忙很多、很快，而你根本控制不了他們，只有任他們無法無天，讓你辛苦的工作而錢財不存。**女子若有此田宅宮時**，也要小心子宮外孕要開刀或有突發病症，或醫療疏失使子宮受傷、不能生育。

因此，我們就可瞭解同樣是左輔、右弼，它會因和不同的星曜同宮，就會幫什麼樣的忙，它在加強、加重力量，以及對星曜加分上之作用是十分明顯的了。

有左輔、右弼同宮時，代表一種合作精神與領導力以及受一股溫和保守的勢力籠罩著

當任何宮位有一個左輔或一個右弼入宮，就會有合作精神與領導力。至於是那一方面的合作精神？是那一方面的領導力？就要看左輔、右弼是位於那一事宮或人宮？又和何星曜同宮而定了。

例如：『紫微、左輔』在福德宮，表示其人在天生福氣與愛享福、愛享受最高級的物質、享受方面有合作精神，當然他也會一馬當先的在享福、玩樂、享受物質生活上的努力，因此會在高級享受上有領導力了。

當有左輔或右弼同宮時，代表有一股溫和和保守的勢力籠罩著。

此意思是指**左輔星**是聰明機靈、穩重、隨和、忠厚、耿直、有謀略，強力要幫助人或事，而且忠於人或事，它是不辨是非、黑白，而只盡忠職守，於某人或某事的，而盡心盡力要完成輔助的天職的。

右弼星是表面忠厚、隨和、異性緣好，具有野心、熱心，很雞婆、愛多管，很專制、內心剛強的強力要幫助別人，也會盡心盡力來盡忠職守的完成自己天職，能成人之美，有同情心、講義氣，但它也是不辨是非、黑白的來幫助自己認定的人和事的，它是具有私心的。

右輔、右弼有上述這些特質之後，當然它們只幫助自己認定的事和人，會用盡一切方法，形成一種溫和、保守的勢力，將這些人和事包圍起來，圈定它，只對這些人和事來好、別的都不管，是故會形成小圈圈、小團體，只幫助這些人、事、物，不讓別的人、

事、物影響它、阻礙它，因此會說左輔、右弼會用一種頑固的、溫和、保守的勢力去籠罩所鎖定的人、事、物，以便達成它輔助的任務。

例如前者：『紫微、左輔』在福德宮時，左輔即鎖定在享福，享受最高、最優質、最祥和、平順、萬事平順、和最精緻美麗、最好的事物上去輔助其人。因此其人就凡事不必做了，只要待在那裡享受清閒和挑剔物質享受是不是最高級的就好了，自然在工作上不必忙碌、打拚力量不強，較懶惰了，在另一方面，他在衣、食、住、行，人生之生活必需品方面，還是可以享受到極舒適、極高級的享受的。在『紫微、左輔』在福德宮這個形式之中，左輔的任務只是強力在享福到最高點、最精緻的地步，以此為目標在輔助，是故它是只鎖定享福之事在努力的，至於其他的事，如賺錢之事，人生成

就之事，它就不管了，這也是左輔、右弼這些輔星頑固、保守勢力所及的一種特性。

左輔、右弼雙星同宮有特殊的意思

左輔、右弼雙星同宮只會在丑宮或未宮，是四月和十月所生的人會遇到的。

左輔、右弼雙星同宮時的意思是：左也幫、右也幫，上下其手，七手八腳的幫忙，即使是亂七八糟的幫忙也不管，反正全都要幫忙，男的、女的都來幫忙。倘若左、右是和武貪同宮，或是左輔、右弼在空宮之中，而對宮有武貪相照，當然是好的，表示旁邊有男有女，皆來幫忙生財、取財、生運、取運，就財運一流，且暴發運、偏財運暴發的又快、又大，十分好運了。倘且再有擎羊在與

武貪同宮，表示左、右雙星七手八腳的幫忙錢財與好運，並不是那麼努力，所幫忙的錢財與運氣也會受到一點刑剋與瑕疵的錢財運氣了。而且還容易糊塗，老是幫些次等的財運，並不是第一流的財運了。

左輔、右弼雙星同宮還有懶惰及頭腦不清的意思

一般人都認為當宮位中有左輔、右弼並坐時，是雙倍的輔助力量，這當然也沒錯！但是輔助力量太多時，事情都是別人做好了，其人就不必忙碌了，自然就會懶惰，等著別人去做了，在正事打拚上算是頭腦不清，這種現象尤其是當左輔、右弼和吉星同宮時最明顯。如有煞星同宮，仍會忙碌、頭腦不清，不知道自己為何忙碌？

例如：

紫破、左輔、右弼四星在命宮同宮時，旁邊就有一堆人，七手八腳的幫助，使你有高尚的、愛做大事、愛精緻美麗的事務，凡事好大喜功，凡事也能平順，但另一方面會破財凶、做事不按牌理出牌，喜歡享受好的，但思想怪異，到處有人幫忙好的，也幫忙你破財，所以你有怪想法，只等著別人給你的機會和享受，自己卻不真的去努力、打拚了。自己就是懶惰、等著別人去做，可是你的合作精神好，也會叫別人，去支使別人去做，而自己卻不忙了。

倘若是紫破、文昌、文曲、左輔、右弼六星同在命宮時，就是天生命窮，但旁邊有人或自己天生思想中，想要過享福、高級物質享受的生活，桃花多，也有人會幫忙你以桃花情色、性關係之事來達成你的享福和享受，自然你會靠人吃飯、靠人過日子了。因此你易做人小老婆、黑市夫人，或是被包養的小白臉，因此有左輔、右弼雙星同宮，你凡事喜歡依賴別人，自己沒有打拚能力了。所以幫助太多，反而讓人成為無用之人。但你也會具備外型漂亮、有氣質、精明、有人緣、桃花多，但為桃花格局，也是為桃花所破耗、有桃花就窮，必須靠人幫助過日子的命格。這也可能是上天有好生之德，讓你以桃花來維生吧！

第二節　左輔、右弼的格局

1. 君臣慶會

君臣慶會：有紫微入命，『命、財、官』有吉星居旺及文昌、文曲居旺，再有左輔、右弼一起在三合宮位相照守的，稱之君臣慶會。

2. **輔弼夾帝**：有紫微入命，有左輔、右弼相夾命宮者稱之。此格局只有左輔、右弼分別在午、申或子、寅等宮能相夾紫破為命宮之格局。這表示左輔、右弼是分別在父、兄二宮相輔佐。父母宮是『同梁、左輔』，當然還不錯。但也要在寅宮，天梁居廟對人才有幫助。兄弟宮是『天機、右弼』就會多是非。事實上，左、右二星在命、財、官、遷幾個宮位才真正能對人之成就有助益。左、右二星在六親宮中之助益還是薄弱的，故此格局成立不算是對人太有用處。

3. **紫微、輔弼同宮，一呼百諾**

紫微坐命，若有左輔或右弼同宮，則有左右手，能助紫微更地位高為至尊，有領導力、掌權、也加倍吉祥，凡事平順、享福。

4. 左輔、天魁為福壽，右弼天相福來臨

左輔和天魁同宮，因左輔和天魁都是性格略耿直，但膽小怕事、溫和，能求中道而行，故有福壽。

右弼和天相同宮，右弼是保守、小氣、內心霸道，只幫助和照顧自己喜歡的人，和天相同宮時，只幫助天相增福、增享受，會有很好的衣食享受、錢財順利，是故稱『有福來臨』。

5. 『明珠出海』格

原始格局是空宮坐命未宮，對宮有同巨相照，但有左輔、右弼相夾丑宮或未宮，稱之。請參考本書第三章192頁。

第三節　左輔、右弼的形式

左輔、右弼的形式，分為兩種狀況，一種是只有一個左輔或只有一個右弼的狀況。一種是左輔、右弼在丑宮或未宮並坐同宮的狀況。這兩種狀況意義有所不同。

當宮位中，只有一個左輔，或是只有一個右弼獨坐或和其他星曜同宮時

當宮位中為空宮只有左輔存在時，本身就是有輔助和合作精神或是有溫和的領導力量。但要看對宮是什麼星曜來相照，才能明白正確的知道輔助的是什麼樣的狀況與內容，或是否真的能輔助、幫

助到了。

例如王永慶先生和李遠哲先生都是有左輔坐命酉宮的人，對宮有機巨相照，但生年不一樣。但都是丙年生的人，一個是丙辰年，一個是丙子年生的人。所以遷移宮都有天機化權、巨門相照命宮。表示特別聰明，能掌握時機變化，用口才和競爭，登上高人一等、有成就之顛峰。命宮的左輔星幫助的是機智與向上攀升之機運，也幫助是非、口才和競爭激烈中能得勝。在另一方面，機巨代表的是高科技和高知識水準，是故他們也能在高知識、高科技上佔有一席地位，而且能有主控成功之機會。

當左輔和另一些主星同宮時，會有下列狀況：

左輔和官星同宮時
右弼和官星同宮時

左輔和紫微官星同宮時，表示左輔這種較陽剛的輔助力量，輔助的是事業的增高、地位、權力、享福上的增高力量。會有幫手來幫忙，也更增祥和的力量。享受物質生活也更是一流的、精緻的、高價值的。左輔有更增加紫微趨吉避凶的力量，你是毫無衰運機會的，都是站在最高貴、最優質、最有權勢、地位、最受愛戴、愛護，過像帝王般生活的景像。有羊、火、鈴、劫空同宮時，輔助好運力量也會被羊、陀、火、鈴、劫空來拉扯，不太有助力了。

右弼和紫微官星同宮時，表示右弼這種保守、小氣、霸道，只對自家人好的輔助力量，所輔助的是事業、地位、權力、享福、享受、受人尊敬、愛護等的輔助力量。右弼也會用保守的心態來增加紫微趨吉避凶的力量，使你毫無衰運的機會，會保護你、護衛你至最高地位，來享受權勢、地位、愛戴。自然合作態度和領導力也是帶有保守意味的。如果有羊、陀、火、鈴、劫、空同宮時，或有文昌化忌、文曲化忌同宮，這保守的輔助力量也有瑕疵了，會事業不順、享福不多，操勞、吉祥的程度不高了。

左輔和紫府同宮，左輔會幫助增財到最高，也會幫助事業做得好，地位高，有最高收入。使在儲蓄賺錢上有最大之助力。有陀羅、火星、鈴星、劫空同宮時，則事業有起伏、錢財也略減少了。

右弼和紫府同宮，表示右弼用保守、霸道的輔助力量，來幫你事業上增高權勢、地位，以便增富。能增加儲蓄、收入，使事業好、有錢可賺，有最高收入。有陀羅、火星、鈴星、劫空同宮時，

事業有起伏，財力也略減少了。有文昌化忌、文曲化忌同宮時，事業有起伏、坎坷、財力也略減少了。

左輔和紫相同宮，左輔會幫助事業平順、享福享得多，會理財，生活平順，過一流的物質生活，能掌權、有親和力，有領導力、能幹，很勞碌、愛做事，但因對宮有右弼和破軍同宮，表示外在環境會勞碌、破耗凶。有人使你勞碌，也會愈幫愈忙。如果左輔、紫相在官祿宮，夫妻宮就是破軍、右弼，表示工作、事業上有人幫忙做的好、平順，但配偶與你不合、又會破耗。你會在感情問題上破耗多，會離婚付贍養費，或有情人使你破耗，你本身也是感情古怪、花錢多的人。若有羊、陀同宮時，會懦弱，幫手幫不好，有火、鈴同宮時，幫手衝動，你自己也更衝動、不吉，有劫空同宮時，幫手會幫你更思想不實際，易劫福，事業多起伏。

右弼和紫相同宮，表示右弼用保守、小氣的力量，幫助事業平順，享福更多，會理財、能掌權、有親和力、桃花多，有領導力、能幹。但更勞碌、愛做事，因對宮會有破軍、左輔相照，也會有人使你更勞碌。幫忙你工作、使工作有發展的是平輩女性。幫你破耗和更勞碌的，是平輩的男性。有羊、陀、火、鈴、劫空同宮時，會更懦弱或更頭腦不實際，事業有起伏、享福都不多。有文昌或文曲同宮時，會窮。有文昌化忌、文曲化忌同宮時，會窮，是非多，一生不富裕，事業也不順。

左輔和紫殺同宮，表示左輔會幫忙你更打拚、更忙碌，為了事業忙碌。如果在六親宮，就是你和親人的關係是：親人高高在上，表面對你好，會幫助你，但實際上冷淡或較凶，不一定真的會幫助你。如果有陀羅、火、鈴、劫空同宮時，則更凶、更冷淡，幫的更

少。是忙碌而做不了什麼事的格局型式。事業會有起伏不順的時候。

右弼和紫殺同宮，表示右弼用保守的心態幫紫殺更打拚、忙碌，為了事業打拚，因為會有左輔和廉破在三合宮位上，是故是一頭在更打拚忙碌、一頭更笨更破耗的厲害，有人在幫忙厲害的破耗。例如『右弼、紫殺』在命宮，而『左輔、廉破』就在官祿宮，表示自己很愛打拚、又有幫手來幫忙打拚，但是愈做愈打拚就破耗更凶。也會做些更笨、更破爛的事業。倘若你是做一些和廢棄物有關的行業，說不定還賺得到錢。若是做文職或高尚行業，則事業起伏、多成敗。有陀羅、火、鈴、劫空和紫殺、右弼同宮時，也是事業有困頓起伏，不會太順利。**有文昌化忌、文曲化忌同宮時**，事業也不順，賺錢少。

昌曲、左右

左輔和紫貪同宮，紫微居旺、貪狼居平，表示左輔會幫助事業平順、好運及貪心比原有的一點點更多一些，會有合作精神與領導力，事業也會略有成就。但左輔幫忙更多的是桃花方面的事務，會人緣好、桃花多，感情複雜，同時腳踏多條船。桃花太多時，事業就不會好。桃花少時，事業就會增高。**有陀羅、火、鈴、劫空、化忌同宮時**，事業更增不順，無桃花或桃花古怪。

右弼和紫貪同宮，右弼會用保守的心態幫助紫貪，有一些好一點的運氣，和非常多的桃花。會感情複雜，同時踏幾條船，桃花多時，事業不好，桃花少時，事業增高。**有羊、陀、火、鈴、劫空、化忌**（貪狼化忌或文昌化忌或文曲化忌）同宮時，事業不順，無桃花，或有古怪不好的桃花。有是非麻煩。

左輔和太陽官星同宮時，太陽居旺時，表示左輔幫助事業和名

聲、地位增高，也會有男性平輩貴人，幫助你更寬宏大量、事業會成功。**有羊、陀、火、鈴、化忌同宮時**，事業有起伏、不順、競爭、爭鬥或是非多。左輔會愈幫愈忙。

左輔和陷落的太陽同宮時，表示左輔會使你的人生更晦暗、事業更是暗中進行的方式，或事業倒閉坍塌的更快。倘若是做檯面下的工作，或暗中進行的工作，則有輔助力量，會較吉，但發展不大。若此格局在命宮，此人也會性格更悶、更內斂、更無法表現，也不喜歡表現。中年或未至中年便不工作了。**有羊、陀、火、鈴、劫空、化忌同宮時**，工作時間不長久，常易不工作。

右弼和太陽官星同宮時，**太陽居旺時**，表示右弼會用保守、陰柔的力幫忙事業和地位、名聲增高，也會在性格上幫助你看做似寬宏爽朗，其實內心是更霸道一點的。有平輩女性貴人會幫助你事業

昌曲、左右

和人生暢旺。**有羊、陀、火、鈴、劫空、化忌同宮時**，事業會不順，有起伏頓挫。

右弼和陷落的太陽同宮時，表示右弼會更加重你人生晦暗的程度。或加重事業不順，無法出名、高升。但做幕後、檯面下的工作，或暗中進行的工作，會有女性平輩貴人幫忙。你本身也會性格更悶、更保守、內斂、性格有些黏人，喜待在家中，或喜好做家事。**有羊、陀、火、鈴、劫空、化忌同宮時**，人生不順利，工作不長久，財少，或不工作。

左輔和陽梁同宮時，左輔會幫助事業增高、名聲響亮、地位增高、事業順利旺暢，有男性的長輩、平輩，以及女性的平輩及長輩運，在人緣關係上與任何人都友善，所有的人都會成為你的貴人，因此你成功很容易。你也會有合作精神與領導力，處處受人尊重、

愛戴。**有羊、火、鈴、劫空、化忌同宮時**，所有人的助力也都變為阻力了，事業也易有競爭或是非，或自己頭腦不實際而引發之不順，事業也起伏、挫折。

右弼和陽梁同宮時，右弼會用保守的心態來使你事業順利、名聲好、地位高。有女性的平輩貴人、女性長輩、男性長輩及平輩來幫助你。所有的人都能成為你的貴人。因此你也成功容易。你亦會有領導能力與合作精神。受人愛戴。**有羊、火、鈴、劫空、化忌同宮時**，所有的助力也會變成阻力，事業多競爭、多是非或本身頭腦不實際，事業不順。

左輔和陽巨同宮時，左輔會幫助事業有進展。但也多是非爭鬥，周圍很熱鬧、爭執也多。容易用口才或吵鬧的方式來處理身邊的事情。你會口才好、脾氣大，做與口才有關的工作，能有領導力與合作力量，會有平輩的男性人來幫你。**有陀羅、火、鈴、劫空、化忌同宮時**，無助力，一生事業不順、是非多、口才笨拙、周圍的人會愈幫愈忙。

右弼和陽巨同宮時，右弼會以保守、小氣的心態來幫助事業有進展。但並不很大。也會多是非爭鬥、口舌銳利。周圍很熱鬧、爭執多。會用爭吵或吵鬧的方來解決事情。會做與口才有關的工作，有領導及合作力量，有女性平輩的人來幫你忙，但也幫忙爭吵。**有陀羅、火、鈴、劫空、化忌同宮時**，是非爭鬥多，無助力，一生不順，口才笨拙或言詞無意義，周圍的人會愈幫愈忙。

左輔和廉貞官星同宮時，左輔會增加廉貞在企劃能力、智謀上的經營力量。也會加重桃花。因此在工作上會更有智謀、多競爭和利用人際關係來經營事業，會有領導力、合作力量，也會心機

重、好爭奪。有人會幫助你有智謀，也會有人幫你經營人際關係和色情桃花。幫你的是男性平輩之人。**有陀羅、火、鈴、劫空、化忌同宮時**，較笨，貴人會愈幫愈忙、或愈幫愈沒有。是非多、桃花為色情淫亂之事，或無桃花、多是非。**如果是左輔和廉貞化忌同宮**，則多官非、爭鬥和血光，是男性平輩幫忙製造的。

右弼和廉貞官星同宮時，右弼會用保守、小氣、霸道的心態，來增加廉貞的智謀和桃花。在工作上多競爭，有人幫忙競爭，也會有領導力和合作精神、好爭奪，有人會幫忙你有智謀、經營人際關係和色情桃花。是女性的平輩之人來幫你的。**有陀羅、火、鈴、劫空、化忌同宮時**，你會較笨、幫你的人也笨，周圍的人愈幫愈忙、是非多，桃花為淫亂桃花，或無桃花、多是非。如果是右弼、廉貞化忌同宮時，是平輩女性會幫你製造官非和血光，要小心！

昌曲、左右

左輔和廉府同宮時，左輔會幫助你智慧愈來愈不高，但財富愈增多。你會做用腦不多的工作，但很賺錢。有男性平輩貴人幫忙你賺，也會有人幫忙你人際關係好，及利用人際關係來賺錢。亦會有人幫你忙碌、工作多。**有羊、陀、火、鈴、劫空、化忌同宮時**，貴人無用，工作、錢財是一面賺、一面消失、減少，你賺的也不多。工作不長久。人際關係不佳，愈交際愈失敗。**有左輔和廉貞化忌、天府同宮時**，雖有財賺，但有官非和血光之是非，災禍也多。

右弼和廉府同宮時，右弼會用保守、小氣的心態幫你人緣好、交際應酬多，利用人際關係來賺錢，也會幫你忙碌、工作多。幫你的是女性平輩貴人。**有羊、陀、火、鈴、劫空、化忌同宮時**，人緣不佳、工作少、勞碌而賺錢少，工作不長久，人際關係差，不太實際。**有右弼和廉貞化忌、天府同宮時**，雖有錢賺，但有頭腦不清、官

非和血光之災，是非、災禍也多。讓你遭災的也是女性平輩之人。

左輔和廉相同宮時，左輔會幫助你智慧不多，但十分平順享福，稍具理財能力，也會有合作精神，具有領導力，周圍有平輩的男性幫忙你生活舒適，賺錢平順，有的賺。**有擎羊、火、鈴、劫空、化忌同宮時**，會更懦弱，或頭腦不清，會有災禍及官非，受欺負之事，傷害你的是男性平輩之人。

右弼和廉相同宮時，右弼會用小氣、保守的心態，幫助你智慧不高，但生活平順、享福多，稍具理財能力，也會有合作精神，略有領導能力，有小聰明，周圍有平輩的女性來幫忙。生活舒適、錢財平順、有的賺。**有擎羊、火、鈴、劫空、化忌同宮時**，會更懦弱或頭腦不實際、頭腦不清，易有官非及災禍發生，及受欺負之事發生。傷害你、與你為敵的是女性平輩之人。

左輔和廉貪同宮時，左輔會幫助你人緣更壞、品行更差、人生更不順利。你會有狐朋狗友在一起吃喝玩樂、為虎作倀，是智慧不足、運氣更壞的人。**有陀羅同宮或相照時**，是『風流彩杖』格，為淫賊之格，易喜色情桃花，或流年逢到，有被強暴之狀況。**有火星、鈴星同宮時**，有暴發運，會有平輩男性助你暴發好運。**有地劫、天空同坐時**，頭腦空空、無好運，易行邪佞之事，頭腦不清，一生無用。**有左輔、廉貞化忌、貪狼同宮時**，有官非、血光會更增凶惡。**有左輔、廉貞、貪狼化忌同宮時**，人緣不好、機會不好，更孤單、無用。造成你這種現象和災禍的，是男性平輩之人。

右弼和廉貪同宮時，右弼會用小氣、保守、頑固的、霸道的心態來幫助你更人緣不佳，運氣不好，惹人討厭。不過你還是會有一、兩個爛朋友攪和在一起，做些無聊之事。**有陀羅同宮時**，為『風

流彩杖』格，更好淫色，有被強暴或好淫的狀況。**有地劫、天空同宮時**，是頭腦更不清、易行邪佞之事，不工作。**有火星或鈴星同宮時**，也有暴發運，助你暴發的是女性平輩之人。**有右弼、廉貞化忌、貪狼同宮時**，人緣更不好、有官非、災禍、血光、是非多、頭腦不清。**有右弼、廉貞、貪狼化忌同宮時**，人緣不好、機會差、頭腦不清，也孤單、無用。造成你這種現象的是女性平輩之人。

左輔和廉破同宮時，左輔會幫助你愈來愈笨、愈破、愈淒慘，會更加損失慘重，及災禍、血光多、爭鬥凶、破耗更快，人生會迅速跌到谷底。也會幫助你做破破爛爛的事情、較窮，災情更嚴重。使你遭災、倒霉的是男性平輩之人。**有擎羊同宮時**，你會懦弱、更淒慘、傷的更重、更窮，有死亡現象。**有火星、鈴星同宮時**，會有黑道的力量在幫助你。但也更迅速跌到谷底，傷災更重。**有劫、空同宮**

時，會幫忙破耗得更空、更清潔溜溜，易入宗教。**有左輔、廉貞化忌、破軍同宮時**，頭腦不清，有人幫你破耗光了，還惹官非及有血光之災，紛爭不斷，易有傷殘或死亡現象。讓你致災的人是平輩男性之人。

右弼和廉破同宮時，右弼會用小氣、保守、霸道的心態，使你又笨、又破耗得迅速，會損失慘重，有血光、傷災、爭鬥凶、多引發糾紛和災禍。你的人生會迅速跌到谷底。害你的，是平輩女性。**有擎羊同宮時**，你會更懦弱、遭災更重、有傷殘、死亡現象。**有火星、鈴星同宮時**，有黑道在幫助你，但也使你更迅速遭災。**有劫、空同宮時**，會破耗、遭災至空空如也，全光了，易入宗教。**有右弼、廉貞化忌、破軍同宮時**，破耗光了還有官非、傷災血光。讓你遭災的是女性平輩之人。

左輔和天梁官星同宮時，**天梁居旺或居廟時**，左輔會幫助你有名聲、有智慧、謀略，善於出主意，在事業上有名聲、有地位。同時你也是男性平輩貴人，或長輩貴人，或女性貴人皆有的人。你會有領導力和合作精神，會有人幫忙你得到你想要的權力、名聲、地位。在事業上有好幫手，是平輩男性之人。**有羊、陀、火、鈴、劫空同宮時**，會事業有顛跛起伏，智謀是陰險或不實際的計謀，名聲、地位、權力易落空，幫忙你出狀況的，也是男性平輩之人。**有文昌化忌或文曲化忌同宮時**，事業易起伏，易轉行，易無法出名，阻礙你的也是男性平輩之人。這些人會幫忙你頭腦不清。

左輔和陷落的天梁同宮時，左輔則幫助陷落的天梁更無貴人運、無長輩運，及智謀少，會更懶惰、工作能力不佳，也無法有地位、名聲和事業了，會工作不長久。若仍工作時，會做一些無關緊

要、沒有升遷機會、地位不高，財不多的工作。其人也無法成名。**有陀羅、火、鈴、劫空同宮時**，會更笨、或更不實際，更無工作能力。**有文昌化忌或文曲化忌同宮時**，頭腦不清、多招是非、災禍，也無貴人來救，易靠人吃飯。

右弼和天梁官星同宮時，**天梁居旺時**，右弼會用小氣、保守、頑固、霸道、畫出小圈圈的方式，有條件的來幫助你有名聲、有智慧、謀略、善出主意，在事業上暢旺、有名聲、地位。同時你具有女性平輩貴人運及男女長輩型貴人運。你會有保守的領導力和保守的、只和少數人合作的精神。會有人幫你得到你想要的名聲、地位。以平輩女性對你功勞最大。**有羊、陀、火、鈴、劫空同宮時**，事業不順、有起伏、智謀是陰險、不實際的想法。名利及權位會落空，幫好也幫你壞的，都是平輩女性之人。**若有文昌化忌或文曲化忌**

同宮時，事業多變化、不順，易轉行，會終身無法出名，阻礙你的也是平輩女性之人。你是頭腦不清之人，學術、事業都不好。

右弼和陷落的天梁同宮時（在巳、亥宮），右弼會用小家子氣、保守的方式幫助陷落的天梁，更無貴人運，也更無智慧、智謀，其人會更保守、戀家，也會更懶惰、好玩、工作沒能力、愛東奔西跑的玩樂，工作不長久。也會做無關緊要的工作、地位不高，賺錢不多。**有陀羅、劫空、火、鈴、化忌同宮時**，更笨，更不實際，反無工作能力。易有是非災禍，也無人來搭救。多靠人吃飯過日子。

※如果『陽梁昌祿』格中格局成立，又無帶刑星傷剋，有左輔、右弼同宮，則有貴人增貴，讀書更容易。但流年逢左輔、右弼和陽、梁、昌、祿四顆星時，考試仍有機會重考。

左輔和財星同宮時 右弼和財星同宮時

左輔和武曲同宮時，會更助財運、增加財富，有人幫你賺錢多、賺錢機會多。在性格上也會讓你更剛直、更守承諾、講信用。在政治上，你有領導力，有人幫你鬥爭鬥贏，讓你掌權力、有地位。幫你的是平輩男性之人。**有羊、陀同宮時**，會刑財，也有人幫你刑財更快，故會賺錢少，或機會少。阻礙你得財的，是男性平輩之人。**有火、鈴同宮時**，也是刑財更快的格局，但有『武火貪』或『武鈴貪』格，仍會暴發財運，有意外之財，但沒有想像中大。**有劫空同宮時**，有人幫你有不實際的思想，賺錢少或賺不到錢，也沒有暴發運。**有左輔、武曲化忌同宮時**，是有幫手使你錢財更不順，有錢財是

非麻煩、財少，有虧空欠債。使你財運不佳的人是平輩男性之人。

右弼和武曲同宮時，右弼會用保守、小氣、霸道的方法來為你增財運，你也會有平輩女性來幫忙增財富。你會性格更剛直、霸道，但講信諾、講義氣。在政治上，你也會有領導能力，易和平輩有合作精神，平輩之女性會幫你鬥爭鬥贏，讓你掌控權力、地位、財富，也會幫助你暴發偏財運更快。**有羊、陀同宮時**，會刑財、有平輩女性幫你賺，也幫你耗財，你賺錢會少。**有火、鈴同宮時**，基本上是刑財格局，但也會形成『武火貪』、『武鈴貪』之暴發格，故有助暴發快，暴起暴落快。**有劫、空同宮時**，無暴發運，會使錢財被劫空，賺不到很多錢，或不實際，會耗財。**有右弼、武曲化忌同宮時**，會幫助你錢財不順、多錢財是非、有債務，是女性平輩之人幫倒忙的。

昌曲、左右

左輔和武府同宮時，有人會幫忙你賺更多的錢財，能積富。同時也會使你更小氣、吝嗇、更會算計、很會存錢。幫助你更富有的是平輩男性。**有擎羊、武曲化忌、火、鈴、劫空時**，有人幫你賺錢，但賺不多，也有人幫你刑財，使財庫有漏洞，存不了錢。也可能會欠債。刑財的也是平輩男性。

右弼和武府同宮時，有人會幫你賺更多的錢財，能積富。同時也會使你更小氣、霸道、吝嗇，更會算計，很會存錢。幫你守財、生財的是平輩女性。**有擎羊、武曲化忌、火、鈴、劫空時**，有人幫你賺少少的錢，但也會幫你刑財，使財庫有漏洞，也會欠債。刑你財的也是平輩女性。

左輔和武相同宮時，有人幫你享財福，幫你理財，享受優裕的衣食享受。你會運氣好、人緣好、有合作精神，也能有領導能力。

有陀羅、火、鈴、劫空、武曲化忌同宮時，會笨、頭腦不清，平輩男性也幫你刑財、享福不多。

右弼和武相同宮時，右弼會用小氣、保守、霸道的方法幫你賺錢、享受財福及優質的衣食享受。你也會運氣好、有合作精神與領導力。**有陀羅、火、鈴、劫空、武曲化忌同宮時**，會錢財不順、工作不長久，頭腦不清。幫你刑財的也是平輩女性。你會享福不多。

左輔和武殺同宮時，有人會幫你更辛苦打拚、勞碌，但賺錢不多。也會使你性格更凶悍，劫財更多。**有擎羊、火、鈴、劫空、武曲化忌同宮時**，災害更嚴重，會因嚴重車禍死亡或傷災、窮困更嚴重。使你遭災、窮困的是平輩男性。

右弼和武殺同宮時，有人幫你更勞碌、更窮。也會使你性格更小氣、霸道、凶悍、劫財更多。使你遭災的是平輩女性。**有擎羊、**

昌曲、左右

火、鈴、劫空、武曲化忌同宮時，災害更嚴重、更大。有車禍死亡、開刀、傷災、窮困更嚴重。傷害你的是平輩女性。

左輔和武破同宮時，有人幫你更窮、更打拚又愈窮。很勞碌賺錢不多。但做軍警職或鬥爭場合，有領導力和合作精神，能幫你的是平輩男性。但會破耗更凶。在性格上你也會慳吝、外表溫和、內心凶悍。**有陀羅、火、鈴、地劫、天空、武曲化忌同宮時**，更笨、更窮，頭腦不清，或衝動，有傷災、與窮的災禍，也易開刀。工作做不久，害你遭災的是平輩男性。

右弼和武破同宮時，右弼會用保守、小氣、吝嗇的方法，幫助你更窮，愈打拚愈窮。做軍警職、保守的工作，或小團體中爭鬥、有領導力和合作精神，能有地位權力，會贏，幫助你的是平輩女性，但也會使你破耗更凶。在性格上你會加倍小氣、吝嗇、衝動。

有陀羅、火、鈴、地劫、天空、武曲化忌同宮時，你會更笨、更窮、頭腦不清、有傷災、開刀，或與錢財方面有關之災禍。害你遭災的是平輩女性。

左輔和天府財庫星同宮時，有人幫助你的財庫增加錢財富裕，積蓄多。你也會具有合作精神及領導能力，用盡方法來攏絡人，讓別人給你賺錢機會和幫你賺錢。你在性格上也是小氣、吝嗇，只想別人幫你，而不想多伸援手給別人的人。**有羊、陀、火、鈴同宮時**，你會陰險、刑財多，會耗財。**有天空、地劫同宮時**，也會有輔助力量使你頭腦不實際、腦袋空空而耗財、刑財。**有文昌化忌或文曲化忌同宮時**，也是頭腦不清、會刑財。幫你頭腦不清的，是男性平輩之人。

右弼和天府財庫星同宮時，右弼會用保守、小氣、霸道的方

式來幫你增加財庫、增富、積蓄多。你會有合作精神及領導力，幫你的是女性平輩之人。**有羊、陀、火、鈴同宮時**，你會刑財、耗財，人又陰險狡詐。**有劫、空同宮時**，有人幫助你財庫空空，這是平輩女性幹的事。**有文昌化忌或文曲化忌同宮時**，你會頭腦不清、刑則、遭災，幫你遭災的是女性平輩之人。

左輔和太陰財星同宮時，太陰居旺時，有人幫你賺薪水之財，也會幫忙你銀行中儲蓄的錢增多，更能幫忙你增多房地產。幫助你增財、增房地產的是平輩的男性。在感情上你也會太多情，有多重戀情、感情複雜，須要抉擇。也易有婚外情或二次婚姻，使你感情複雜、不平順的也是男性平輩之人。**如果有羊、陀、火、鈴、劫、空、太陰化忌同宮時**，則有人幫你房地產留不住，薪水賺不到，或賺不多，你會多煩惱或較笨，或不實際，或頭腦不清。幫助你有這些

煩惱的人是平輩的男性。

當左輔和太陰居陷同宮時，有人會幫你愈來愈窮，幫你錢財賺得少和沒有積蓄，或留存不住錢財，一直無法富裕。你還是會做薪水族，但愈做錢愈少。是平輩的男性害你有這種狀況的。在感情上，你雖喜歡談戀愛，但有人幫你，使你感情貧乏，易有婚外情和二次婚姻，會有窮配偶，愈幫愈窮。**有羊、陀、火、鈴、劫、空、化忌同宮時**，易離婚、不婚，是平輩的男性影響你的。

右弼和太陰財星同宮時，**太陰居旺時**，右弼會用小氣、保守、計較、霸道的方式，只對你一人好的方式幫你賺薪水錢或房租錢，也會幫你增加銀行存款，更會幫忙你增加房地產。這是平輩女性會幫你的事。在感情上，你很孩子氣、好幻想、戀家，但也易有婚外情或二次婚姻。亦會有同時腳踏二隻船的現象。婚姻或戀情中易有

第三者，這個人是平輩的女性。**若有羊、陀、火、鈴、劫空、太陰化忌同宮時**，房地產留不住，工作不長久，賺錢少，存款少，感情不順，易離婚或不婚，影響你的是平輩女性。

當右弼和居陷的太陰同宮時，右弼會用小氣、保守、吝嗇、頑固的方法幫你更窮。也幫你薪水更少，沒有房地產，家中更窮，銀行存款少。在感情上也不順，易有人影響你，使你感情付出少。這個影響你的人是平輩又窮的女性。**有羊、陀、火、鈴、劫空、化忌同宮時**，更加窮、工作不長久，可用的錢財少，感情不順，易離婚或不婚。

左輔和機陰同宮時，左輔會幫助你更聰明，桃花更多，但人生中變化多，更會東奔西跑，更勞碌。**在寅宮**，有人幫你賺薪水之財，也能存一點錢。但房地產有進出，老時才留得住。你會受影

響、情緒不穩定，感情多變化，易有第三者突然插進來。影響你的是男性。**有陀羅、火、鈴、劫空、天機化忌或太陰化忌同宮時**，你會更笨，或更不實際，或更衝動，或更頭腦不清、工作不長久，財少、感情不順，易離婚、不婚，影響你感情問題的也是平輩男性。**在申宮**，有人幫你聰明，但也幫你在錢財上有變化、變少、不富裕。你還是賺薪水之財，但工作易起伏、做不長久，感情易不順，或有第三者介入。**有陀羅、火、鈴、劫空、天機化忌或太陰化忌同宮時**，會更窮，有災禍發生，易生車禍或有錢財糾紛、欠債。也易離婚或不婚，影響你的是男性平輩之人。

右弼和機陰同宮時，右弼會用小氣、保守、霸道的方法幫你更聰明、更情緒不穩定、更勞碌奔波，你會賺薪水族之財。**在寅宮**，還能賺到一點財，有存留。感情也易有起伏變化或有第三者介入。

有陀羅、火、鈴、劫空、化忌同宮時，錢財不順，感情複雜，更累，易離婚或不婚。**在申宮**，有人幫你有小聰明、愈來愈窮、工作不長久，更勞碌奔波。在感情方面易受人影響，很冷淡、桃花少。**有陀羅、火、鈴、劫空、天機化忌或太陰化忌同宮時**，易離婚、不婚，更窮，且有災禍、不吉。讓你變笨、遭災的，是女性平輩之人。

左輔和同陰同宮時，**在子宮**，有人幫你更享福，財運順利。你會賺薪水之財，有儲蓄、有房地產。會幫你的是男性的平輩之人。在感情上也有人幫你戀愛多，易有第三者出現，你易腳踏二隻船。**有擎羊、火、鈴、劫空、化忌同宮時**，財少、享不到福，災禍、煩惱多，感情不順。工作不長久，使你遭災的也是平輩的男性。

在午宮，有人幫你愈來愈窮，愈享不到福，會較懶惰、工作不長久，在感情上，有第三者介入，感情也不順，或不婚。影響你的是

男性平輩之人。**有擎羊、火、鈴、劫空、化忌同宮時**，有人幫你更窮、更多遭災，易不婚或離婚，情份少、桃花少。男性平輩是更使你痛苦之人。

右弼和同陰同宮時，在子宮，右弼會用小氣、保守、霸道的態度來幫你享福和得財，你會在享福中得財，也財多。你會做薪水族，會對女性平輩有領導力和有合作精神。在感情上會更平和、多情，但在婚姻、愛情上會有第三者介入，或有多個戀情。你會有人幫你戀愛多、感情複雜，影響婚姻。**有擎羊、火、鈴、劫空、化忌同宮時**，享福少，也財少、刑財、耗財多，工作不長久，感情不順、易離婚、不婚。

在午宮，右弼會幫忙愈來愈窮，享不到福，勞碌辛苦，工作不長久，付出感情少。**有擎羊、火、鈴、劫空、化忌同宮時**，更窮，災禍深，易不婚或離婚。

祿存和左輔同宮時，祿存是小氣財神，左輔會幫助祿存更小氣、更吝嗇、更孤獨，更會存錢，更自閉，過自己的日子。在賺錢方面也是賺少少的錢。在感情方面是保守、自閉型的、有自己的戀愛方式，但別人未必能適應瞭解，故桃花少、姻緣少。

祿存和右弼同宮時，右弼會幫助祿存更小氣、更霸道、更孤獨，有自己的小圈圈，賺自己少少的錢，更會存錢。在感情方面，更保守、內斂，戀愛機會不多，姻緣少。

左輔和運星同宮時
右弼和運星同宮時

左輔和天機同宮時，天機居旺時，表示有人會幫助天機更聰

明、機巧，也更能掌握變化。但更使變化多而繁複，會更增加機運。使這些運氣翻轉的是平輩男性之人。你會做薪水族、做變化多端的工作來賺錢，事業上有激烈變化，也需要有很好的聰明，才能應付。在錢財上也會有人幫忙有好的變化。**有羊、陀、火、鈴、劫空、天機化忌同宮時**，則有人愈幫忙、運氣更差、競爭更多，或運氣成空，或幫忙頭腦不清、工作不長久，有災禍發生。

左輔和居平、陷之天機同宮時，是有人幫忙運氣愈變愈壞。**有羊、陀、火、鈴、劫空、化忌同宮時**，是愈幫災禍愈多，愈衰運。

右弼和天機同宮時，**天機居旺時**，表示右弼用保守、小氣的方法幫助天機更聰明、機巧、運氣好。會更增運氣多變和繁複，但會是好運。**有羊、陀、火、鈴、劫空、化忌同宮時**，有人幫忙運氣不太好了，有競爭、爭鬥，會愈變化多、爭鬥愈凶，或有壞運的變化。

右弼和居平及陷落的天機同宮時，右弼用保守、小氣的方法使運氣愈變愈壞。**有羊、陀、火、鈴、劫空、化忌同宮時**，是運氣愈變愈刑剋，愈凶惡、多是非災禍。

左輔和機梁同宮時，有人會幫忙機梁有小聰明、愛表現，並有貴人運，會幫忙有名無利，因機梁不主財之故。在工作上會幫忙做薪水族賺錢，財不多，也會只有精神鼓勵，而無實質幫助。**有羊、陀、火、鈴、劫空、化忌同宮時**，會幫忙爭鬥多、不聰明，工作不長久，頭腦糊塗，有古怪聰明，易惹是非。

右弼和機梁同宮時，右弼會用保守、小氣的方法來幫助機梁有小聰明、愛小小的表現。有貴人運，但運氣屬於有名無利的，或精神支持，無實質幫助的。在工作上幫忙做薪水族，賺錢不多。**有羊、陀、火、鈴、劫空、化忌同宮時**，愈幫愈忙，有災，不實在，易騙人、惹是非。

左輔和機巨同宮時，有人幫忙你有聰明、機智和銳利的口才，幫忙你好辯，也幫忙具有高知識水準，更幫忙有是非爭鬥，也會幫忙有向上的好運氣。故會有領導力和合作精神。學歷、事業也會有成就，幫助你的是男性平輩之人。**有羊、火、鈴、劫空、化忌同宮時**，會幫忙運氣有阻礙，機智、口才都受剋，也幫忙無法有高知識，是非爭鬥更多，工作不長久，會頭腦糊塗，沒有領導力和合作精神。

右弼和機巨同宮時，有人用小氣、保守的方式幫忙你更聰明、口才好，也幫忙你有高學歷、高知識水準，與是非爭鬥多。**有羊、陀、火、鈴、劫空、化忌同宮時**，爭鬥更多，頭腦糊塗，工作不長久，能力不佳。

左輔和貪狼同宮時，**貪狼居旺時**，有人會幫忙更有好運、機會更多，桃花、人緣更多更好。有『武貪格』或『火貪格』、『鈴貪格』時，暴發運發的快又大。同時有人也會更幫助你貪心更多。你會動得更迅速，以迎接好運，是男性平輩之人幫忙你的。**有羊、陀、火、鈴、劫空、化忌同宮時**，有人幫忙你運氣受剋、有阻礙，或運氣成空，或頭腦不清，或桃花古怪、運氣略差、較孤獨，是男性平輩之人幫倒忙的。

右弼和貪狼同宮時，**貪狼居旺時**，右弼會用小氣、保守、霸道的方法幫助你運氣更好、機會更多、桃花更旺、貪心更多。也能幫助暴發運格發得更快更大，幫忙你有好運的是女性平輩之人。**有羊、陀、火、鈴、劫空、化忌同宮時**，右弼幫忙的是有刑剋的運氣，會有阻礙或愈幫運氣愈差，運氣成空，或愈幫運氣愈有是非糾紛，幫

倒忙的是女性平輩之人。

左輔和福星同宮時
右弼和福星同宮時

左輔和天同同宮時，**天同居廟時**，有人會幫你更溫和、更平順有福氣可享，會自然而然的有領導力和合作精神。但也會懶惰，自己不必動手。**有陀羅、火、鈴、劫空同宮時**，會愈幫愈忙，無福可享，更勞碌，或有災。

左輔和居平的天同同宮時，有人幫忙享一點福，但也全是勞碌、奔忙，忙的是玩樂之事。**有羊、陀、火、鈴、劫空同宮時**，愈幫愈無福可享，亦會有災。

右弼和居廟的天同同宮時，有人用小氣、保守的方法來幫你

昌曲、左右

更平順、享福，更溫和，而內心霸道一點。也會對平輩女性有領導力和合作精神，但會懶惰。**有陀羅、火、鈴、劫空同宮時**，易愈幫愈笨，或愈空，愈勞碌、有災。

右弼和居平的天同同宮時，有人用小氣、保守的方法使你享福不多，會為玩樂之福勞碌。**有羊、陀、火、鈴、劫空同宮時**，愈幫忙愈無福，有傷災。

左輔和同梁同宮時，在寅宮，有人幫忙表面溫和、享福不多、較勞碌，但更有貴人運。有平輩男性幫忙、生活快樂。**有陀羅、火、鈴、劫空同宮時**，會愈幫愈笨，愈勞碌、無福。**在申宮**，有人幫忙溫和享福，更懶惰、更愛玩，沒有貴人運，但人緣好。**有陀羅、火、鈴、劫空同宮時**，有人幫忙享不到多一點的福，會笨又懶惰。

右弼和同梁同宮時，在寅宮，有人用保守、小氣的方式幫助你想

玩玩不到，更勞碌，更享福享不太到，但會更受到長輩及女性平輩的、支持和幫助，**有陀羅、火、鈴、劫空同宮時**，會更勞碌無福，也無成就，腦子較笨，動作慢或衝動或不實際，易遭災。**在申宮**，有人用保守、小氣的方法幫你享福、懶惰、工作能力不高，事業會更沒成就。你沒有長輩運。女性平輩的人，也會使你和長輩之間關係更壞，得不到照顧。**有陀羅、火、鈴、劫空同宮時**，有人會幫你更笨、更衝動，更不實際，使你享福享不到，工作能力也更不好，也得不到長輩照顧，是非更多。

左輔和天相同宮時，天相居廟、居得地以上的旺位時，表示有人在幫助你增福氣，使你更有福，更會打點自己周邊之事，也更會理財，更具有溫和好好先生或小姐的好心腸，當然就會更有領導力及合作精神，更會做事、也更會料理善後了，幫忙你增福氣的是男性

平輩之人。**有擎羊同宮時**，無領導力、較懦弱，有人幫著欺負你。**有陀羅同宮時**，有人幫著你讓你更笨，更無福及能力。**有火、鈴同宮時**，更刑福、理財能力不好、更衝動、有傷災。**有劫空同宮時**，更劫福或更福空，會工作能力不好，享不到財福，一般的運氣也不好。使你倒霉的是男性平輩之人。

左輔和陷落的天相同宮時（在卯、酉宮），表示有人會幫助你壞的狀況更壞、更窮、十分悲慘、災禍多，毫無一點福氣可言。**有擎羊、火、鈴、劫空同宮時**，有災禍發生，有性命之憂，傷災嚴重。使你遭災不利的是男性平輩之人。

右弼和天相同宮時，天相居廟、居得地以上的旺位時，表示有人用小氣、保守、任性的方式來幫助你，能使你享多一點的福氣。因此你很會打理、佈置家庭，更會理財，能享受衣食上的快樂。也會

有領導力及合作精神，更會做事，生活會更舒適，幫你有福運的是女性平輩之人。**有羊、陀、火、鈴、劫空同宮時**，會懦弱、享不到福，做事能力不好、愈幫愈忙、更笨，或更衝動、不實際而遭災、受傷、刑財、較窮、受欺負，使你遭災的是平輩女性之人。

右弼和陷落的天相同宮時（在卯、酉宮），右弼會用小氣、任性、保守的方式，幫助你壞的狀況更壞、更窮、更慘、災禍多、不平靜，也爬不起來。**有擎羊、火、鈴、劫空同宮時**，傷災嚴重、有性命之憂，也懦弱招災，害你的是女性平輩之人。

左輔和刑星同宮時
右弼和刑星同宮時

左輔和七殺同宮時，表示有人幫你愈打拚愈辛苦、愈凶、愈要

爭，更勞碌或更有嚴重的血光。也會更笨更蠻幹、不用大腦、只顧埋頭苦幹，是勞而不獲的狀況。幫你有如此笨現象的是男性平輩之人。

右弼和七殺同宮時，右弼會用保守、小氣、霸道、任性的方法幫忙你更勞碌打拚，會更辛苦、更凶、更要爭，也易有嚴重傷災血光。你也會更笨、更蠻幹，會有勞而不獲之現象。幫你有此笨現象的是女性平輩之人。

左輔和破軍同宮時，表示有人幫你更有幹勁、喜打拚，但也更破耗凶、失去的比得到的多，也會幫你在言行上更肆無忌憚、更放肆、沒禮貌。幫助你有此現象的是男性平輩之人。

右弼和破軍同宮時，表示右弼會用保守、小氣、任性、霸道的方式幫你更愛打拚、幹勁十足，也破耗更凶。失去的比得到的多、

傷災也多。在性格、思想、言行之上，也會幫你更放肆、大膽、沒禮貌。造成你有此現象的是女性平輩之人。

左輔和擎羊同宮時，有人會幫你更凶、更尖銳、更要爭，會凶狠的爭。也會幫你更計較、陰險，更傷害自已。愈計較愈傷自已，災禍愈重。對自已更不利，會財少、無福，影響自已的生命，幫你這樣刑剋自已的是男性平輩之人。在傷災時，左腿、左腳、左半身較嚴重。

右弼和擎羊同宮時，會有人幫你更小氣、自私、霸道更凶、更計較、更好爭、更陰險，更刑剋自已。愈計較、愈凶、就愈刑剋自已，災禍愈重。對自已更不利、無財、無福，且會傷及自已之性命，幫你如此刑剋自已的是女性平輩之人。在傷災時，左右兩腳及下半身較嚴重。

左輔和陀羅同宮時，有人會幫你原地打轉、性格更悶、更笨，更刑財、耗財，頭腦不清、是非更多，傷災嚴重、牙齒及骨骼左、右兩邊都有傷災，幫你更笨、招災的是男性平輩之人。

右弼和陀羅同宮時，右弼會用保守、霸道、任性的方式使你原地打轉、更笨、更刑財、耗財，頭腦不清、蠻幹、是非多、傷災嚴重，有牙齒和右半身骨骼之傷災，幫你更笨及招災的是女性平輩之人。

左輔和火星同宮時，會幫助速度更快、更衝動、火爆、脾氣壞。火星居廟位，偶而有意外之財，財來去都快。但會更助意外災禍之發生，有車禍、血光、火災之問題。使你招災的是男性平輩之人。也會有人幫你有更奇怪之聰明。

右弼和火星同宮時，有人用保守、小氣的方法，幫助你速度更

快、更衝動、更火爆、脾氣更壞，更有奇怪的聰明，更有意外車禍、血光、火災等災禍發生。火星居廟時，偶而得意外之財。使你招災的是女性平輩之人。

左輔和鈴星同宮時，有人幫助你，更有奇怪的聰明、速度更快、更衝動、火爆、脾氣壞、有意外之災、血光、燙傷、發燒、火災更多，會刑財。鈴星居廟時，偶有意外之財，但財來財去都很快。幫助你有這些狀況的是男性平輩之人。

右弼和鈴星同宮時，有人會用保守、霸道、任性的方式使你更有古怪聰明，也更衝動、火爆、脾氣壞，有意外之災、發燒、燙傷、火災等，使你招災的是女性平輩之人。鈴星居廟時，偶有意外之財，財來財去很快。

左輔、地劫或左輔、天空同宮時，是有人在幫忙劫財、劫運，

更有人在幫忙財空、運空，所以都是更加快速成空。造成此狀況的是男性平輩之人，此種狀況也是好的事沒幫助而成空，壞的事卻愈幫愈多。

右弼、地劫或右弼、天空同宮時，有人會用保守、小氣的方式在幫忙劫財、劫運，也有保守、小氣之人在幫忙財空、運空，故都是更加快速成空。造成此狀況的是女性平輩之人。

第四節　左輔、右弼同宮的形式

左輔、右弼雙星同宮，只會在丑宮或未宮，是四月生的人同宮在未宮，十月生的人同宮在丑宮。

宮位中只有左輔、右弼雙星同宮時，這是空宮形式。只有左輔、右弼二星同坐，此時要看對宮是什麼星才能定出更精確之意義。請參考後面類似狀況之解說，例如有同巨相照時，就參考『左輔、右弼、同巨同宮』之意義，即可明瞭。

大致來說，宮位是空宮性質，有左輔、右弼同坐，表示表面上有左右之助力，但也易左右為難、拿不定主意、易猶豫、徘徊、性格懦弱，好像是好脾氣、很溫和，實則內心固執、不開化、不聽別

人勸，自己又沒方法。愛享福、偷懶、又未必偷得到懶，有太多助力，反而沒有真正用得上之助力。常是多管及愈幫忙、該管的不管、不該管的管一堆。**在感情上**，更是拖拖拉拉，無法抉擇、感情複雜，同時腳踏數條船，最後一個也沒留下。**在事業上**，有人幫忙多，也七手八腳，易奪權，讓你沒能力控制。只有在享福、懶惰上會幫忙多。

為空宮，有左輔、右弼同坐財帛宮時，有別人給你錢花用、能享福，但易靠人養活、自己較無用。

左右、紫破同宮在丑、未宮時，是愛享福、享受、打拚能力不強的人。會有人幫你擁有享受最高尚、精緻的花費。表示有人會供給你錢財花用、會養你，給你較多的錢來破耗，你易靠人過日子。

左右、天相同宮在丑、未宮時，是桃花格局，易靠人過日子，享受舒適的物質生活。易左右逢源、朝三暮四，有邪淫桃花。

左右、天機陷落在丑、未宮同宮時，為無用之人，有人養活過日子，但生活水準不高，運氣更不好。

左右、天梁在丑、未宮同宮時，會性情溫和、好名利，但仍愛享福、桃花多，做事不積極、易為桃花敗事，年紀比你輕的才是你的幫手。

左右、同巨在丑、未宮同宮時，會性格溫和懦弱、是非多，常有小麻煩、嚕嗦事多，沒有工作能力，靠人吃飯過日子。

左右、太陽、太陰在丑、未宮同宮時，會性格多變、情緒不穩定，又拿不定主意、桃花多，感情不順，性格懦弱，做事顛倒、不積極，一生錢財起伏、工作不長久，事業無著。

左右、武貪在丑、未宮同宮時，為人有暴發運，但性格溫和、

懦弱、固執、桃花多，較懶惰、愛享福、享財福與艷福，是武貪坐命中較不積極的人。也容易拿不定主意，被人多管。

左右、天府在丑、未宮同宮時，為人溫和、懦弱、拿不定主意，桃花多、有人幫忙給錢、存錢，易過舒服日子、愛舒服享受，生活舒適、沒有競爭力，也不積極，常不工作，由別人供養。

左右、廉殺在丑、未宮同宮時，為人溫和、保守、懦弱、桃花多、愛享福，會笨笨的享福，不積極，生活有人幫，靠人過日子，但會小氣、吝嗇，自己能享受到的物質生活也不豐裕。

第八章　左輔、右弼在『命、財、官』及『夫、遷、福』對人的影響

左輔、右弼在『命、財、官』及『夫、遷、福』中出現的型式，在前面已說過了，有二種型式。一種是左輔或右弼單星出現的型式。一種是左右二星雙星並坐的型式。**其實在論命上，左右二星也是需要一起來看的**。這樣你才會知道這顆左輔幫了什麼？那一頭右弼又幫了什麼？左輔、右弼是不是一起幫，又是幫了什麼？常常是這一頭左輔幫忙好的，那一頭右弼又幫忙壞的，這樣把問題相加起來，就知道人生中到底好在那裡？到底虧在那裡？把好的部份加

強，壞的部份要改，自然人生會平順，運氣能變好。人生的層次會變高，生活的質量也會變更佳，財富也能增多，人就能更享福受益了。

人命以『命、財、官』及『夫、遷、福』為最重要的宮位，同時也是人生架構的基礎支架，故先從此談起。

當『命、財、官』有一個左輔或一個右弼時

當『命、財、官』有一個左輔或一個右弼時，要看另一個右弼或左輔星落在那一宮，就可評斷左輔、右弼是否對其人有用了。

當一個左輔及一個右弼，分別落在命、遷二宮時，此是正月和七月生人，左、右分別在辰、戌二宮，也要看同宮星曜是吉是凶，與旺弱程度，才能知道左、右二星幫得好不好？

例如：左輔和廉府坐命，對宮（遷移宮）是七殺、右弼，這表示說你天生有平輩貴人運，有領導能力和合作精神，會有好幫手幫你忙碌、打拚、工作很忙，用腦不多，但能進財很多，是自己思想中就能幫自己賺錢，在環境中也有別人使你忙碌，而這些幫著你忙碌的人，是保守、小氣，只為你一個人好的，但也會管你，對你凶的，是女性平輩的人。

當左輔、右弼分別在巳、酉宮，這是二月、六月生的人，會遇到的。因此左輔、右弼會在『命、財』、『命、官』、『財、官』三種組合型式出現。也以和左輔或右弼同宮的星曜為何？旺弱程度又如何來斷定吉凶。

例如：

六月生的人，**天相（得地）、右弼坐命巳宮，官祿宮在酉宮為空**

宮，有左輔入宮，對宮是紫貪。其人是不太富裕的福星，稍會理財，生活小康還過得去，性格保守、外表溫和、小氣、內心有點霸道，事業運方面還有男性平輩之人在幫助，也能平順，偶有起伏，但影響不大。

※左輔、右弼分別在『命、財、官』是三合宮位中，對人的助力大，但也要看同宮的是吉星或凶星，是凶星則助惡，人生的痛就在這裡了。

例如說：官祿宮是紫殺、左輔，而財帛宮是廉破、右弼，這是二月生武貪坐命的人。其人會在事業上更忙碌打拚，但在財運上更窮、更破耗，因此花費大，又必須不斷的努力工作，才會擺平。此人有暴發運，但也留存不住錢，他一生最大的問題是不會理財、存錢，因此一生常陷入痛苦、財窮之中。

當左輔、右弼分別在『午、申』或『子、寅』二宮，這會在『命、福』、『命、夫』、『財、遷』、『夫、財』、『官、遷』、『官、福』等組合的宮位有左輔、右弼分別出現。

例如：

在官祿宮有紫府、陀羅、文昌化忌、左輔同宮，又在福德宮有破軍、文曲、右弼同宮時，其人在事業上會多起伏、容易改行，但也能賺到錢，會慢一點，中年以後才會好，才能賺較多的錢。他會終日忙碌、保守、自顧自的操勞不斷、自己很省、很辛勞、享不到福，而且愈辛勞愈有成就感。官祿宮的左輔能幫助紫府賺多一些錢，也能幫陀羅和文昌化忌多起伏不順、事業多起伏，常改行，有損失。右弼幫忙在享福觀念上更窮、更小氣，更操勞不斷、破耗多、自己享受也不好。

左輔、右弼雙星並坐於『命、財、官』及『夫、遷、福』中之一宮時（在丑、未宮）

左輔、右弼雙星並坐（在丑、未宮）於命宮，或財帛宮或官祿宮，或夫妻宮，或遷移宮，或福德宮，都會懦弱，拿不定主意、不積極、愛多想、心情起伏大，有桃花、愛享福，常為無用之人。

左輔、右弼並坐命宮時，性格懦弱、拿不定主意、不積極、愛享福，幫忙的人多，別人會照顧他，心情反覆，影響人生成就。易靠人過日子，幼年易由別人養大。

左輔、右弼並坐財帛宮時，在錢財上有人幫忙，易靠人給錢過日子，愛享財福及物質生活，自己不積極賺，等別人來奉養。

左輔、右弼並坐官祿宮時，在事業上不積極、不想打拚，別人會做會幫忙，易懶惰、靠人過日子，工作不長久，做做停停，學業

也易中斷，或留級、重修，休學後再復學。

左輔、右弼並坐夫妻宮時，愛享齊人之福、桃花重、戀愛多，同時腳踏幾條船，婚姻不正，感情複雜，不利工作，人生多起伏，也易靠人過日子。

左輔、右弼並坐遷移宮時，環境中就是不積極、左右搖擺不定、拿不定主意，看起來幫助多、貴人多，但你並不一定會要別人幫忙。也會覺得別人愛管你、讓你煩。你會懦弱，最後仍靠人過日子。自己工作不長久，起起伏伏，做事總會拖拖拉拉或重做。

左輔、右弼並坐福德宮時，天生有人幫忙多，愛享福，不積極、懦弱，拿不定主意，會靠人過日子，亦愛享福，享齊人之福。

第九章　左輔、右弼在『父、子、僕』及『兄、疾、田』對人的影響

左輔、右弼在六親宮

若左輔或右弼當中只有一個星落在六親宮，如父、子、兄、僕等宮時，和吉星同宮，則相互合諧，有幫助，若主星有一吉一凶時，則會幫助好的，也會幫助壞的。凶星多時，就幫忙感情更壞了。

例如：兄弟宮有紫殺、左輔同宮時，兄弟是非常忙碌之人，但

也對你高高在上，更為冷淡、較凶，必要時會幫忙你。有陀羅、火、鈴、劫空同宮時，兄弟不和，他是高高在上，對你凶及冷淡，脾氣不好，對你無助益之人。

左輔、右弼在疾厄宮

左輔在疾厄宮，代表脾、胃的毛病，也要小心腎臟不好，八字中有土蓋水、缺水的問題。亦要小心眼目之疾。

右弼在疾厄宮，代表上火下寒、婦女病、經水不調、內分泌不良、下半身寒涼、手腳冰冷、血液不流通、腎虧、陰損等毛病。

左輔、右弼在田宅宮

田宅宮有一個左輔或一個右弼時，要看同宮主星的吉凶、旺弱

而定財庫之豐滿或缺失。若只有一個左輔或一個右弼和吉星同宮，無刑剋時，代表有人幫忙買房地產，也有人幫忙增加財庫之財。若有刑星、煞星同宮時，表示有人也幫忙刑財、耗財，房地產易減少或留不住。家中人也是幫忙你刑剋財的人。你的房地產易進出，家中之財存不住。也易住在有瑕疵或狀況不佳的房子中，家人多是非、爭執、不合諧。

女子命格中之田宅宮有左輔、右弼出現時，小心子宮不太好、有婦女病，做人工受孕會重複做。

田宅宮有左輔、右弼同坐時，在丑宮或未宮，表示家中多桃花、邪淫之事，房子是別人供養的，房子中來去的人很多，你不容易住得長。你的家中也有許多人要養。女子有此田宅宮時，會因房事過多不孕、或有疾病。

第十章　昌曲、左右在大運、流年、流月中時對人的影響

文昌、文曲在大運、流年、流月中對人的影響

若只有一個文昌在大運、流年、流月中，要看是否正在『陽梁昌祿』格上，若是的話，無論文昌旺弱，都能讀書、考試、升官順利。但有羊、陀、化忌、劫空同宮時，就不一定會去讀書，也不一定考試、升官順利了。也容易改行。如果不在『陽梁昌祿』格上，要看文昌是否居旺，還是落陷？

文昌居旺時，會精明、計算數字、利益的能力好，為人也會斯文討喜，有文化素養，喜文化活動。賺錢、理財有一套。也會明理、有做事方法、運氣較好。**有破軍同宮或相照時**，仍窮。

文昌居陷時，會頭腦笨、財少、理財能力不佳、外表邋遢、醜陋、言行沒規矩、沒有做事方法，知識水準不高，沒有文化、沒有企劃能力，工作不長久、運氣不好。**有破軍同宮相照時**，仍很窮。

昌曲並坐在丑、未宮，入大運、流年、流月中時，表示是愛享福、桃花多、不積極、喜歡談戀愛、愛玩，有淫色桃花的運程，容易有外遇事件或緋聞。有破軍同宮或相照時仍窮。

左輔、右弼在大運、流年、流月中時對人的影響

若只有一個左輔或只有一個右弼在大運、流年、流月之中，要

看主星是什麼？旺度如何？才知道左輔、右弼幫忙的是什麼事？是幫好的還是幫壞的？若沒有主星，只是一個左輔獨坐，或是一個右弼獨坐的形式，就要看對宮相照的主星是什麼，就能知道，左輔、右弼會幫些什麼事了。

當一個左輔或一個右弼和它同宮的星是吉星居旺時，就會有助力、幫好的事。**當同宮的星是一好一壞時**，就幫好也幫壞！是吉是凶參半的運氣。**當同宮的星是煞星居多時**，就運氣不好、有刑剋了。

例如：『左輔、天府』同宮是助財的。『右弼、天相』同宮是助享福，也有財、會理財，生活舒適。『左輔、紫殺』就是助忙碌，有紫微也能平順、賺錢多，但忙碌不停。『左輔、破軍』就是助破耗、打拚，會流血、流汗、損失較大的，收獲少的。

左輔、右弼雙星並坐在大運、流年、流月中時

左輔、右弼雙星並坐在丑、未宮，入大運、流年、流月時，表示不積極、有人供養、桃花多、感情不順、戀愛人來人往，有多次戀愛，不容易成功，工作不長久，自己賺錢不多，由別人給的較多。

※凡流年、流月、流日逢左輔、右弼之運程時，讀書會重唸、重考，易休學，而後再唸。考試、升官不順利。

法雲居士⊙著

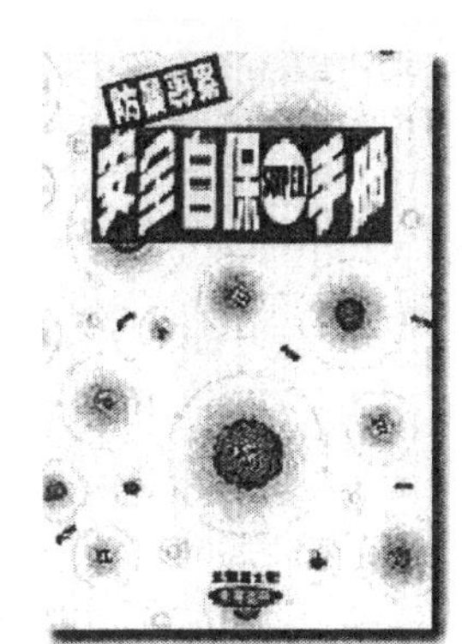

現今社會治安敗壞，賊人眾多！任何人的生命安全都受威脅！車禍每年發生五仟件以上；殺人案件無數，強暴婦女每天有三十人受害，擄人勒贖，層出不窮，在這個混沌的世界裡，我們要怎樣來保護自己？

怎樣在自己的命盤中，找出有衰運死亡的凶煞時間，預先掌握這一特定時間，躲開這一劫，你將避兇趨吉、長命百歲、幸福快樂的過一生！

假如你是個算命的

法雲居士⊙著

一般人對命理師行業都有許多好奇，到底命理師有沒有法術？他們是如何算命的呢？命理師有沒有行規？如何能成為一個命理師？命理師的收入好不好？

在這本『假如你是個算命的』書中，法雲居士為你揭開命理師行業的神秘面紗，告訴你，命理師的天賦異稟是什麼？命理師的行規又是什麼？

命理師必須具備那些條件？此書不但是提供給欲從事命理師行業的人一個借鏡，也是探求算命故事的趣味話題。

紫微談判學

法雲居士⊙著

現今工商業社會中，談判、協商是議事的主流。每一個人一輩子都會經歷無數的談判和協商。

談判是一種競爭！也是一種營謀！

更是一種雙方對手的人性基因在宇宙中相遇激盪的火花。

『紫微談判學』就是這種帶動人生好運、集管理時間、組合時間、營謀智慧、人緣、創造新企機。

屬『天時、地利、人和』成功法則的新計算、統計、歸納的學問。

法雲居士用紫微命理教你計算、掌握時間的精密度，繼而達到反敗為勝以及永遠站在勝利高峰的成功法則。

移民、投資方位學

法雲居士⊙著

這本『移民、投資方位學』是順應現代世界移民潮流而精心研究的一本書。

每個人都有自己專屬的生命磁場的方位，才能生活、生存的愉快順利，也才會容易獲得財富。搞不清自己生命磁場方位而誤入忌方的人，甚至會遭受劫殺。至少也會賺不到錢而窮困。

法雲居士利用紫微命理的方式向您解釋為什麼有些人會在移民或向外投資上發展成功？為什麼某些人會失敗、困頓？怎麼樣才能找對自己的正確方向？使您在移民、對外投資上，才不會去走冤枉路、花冤枉錢，幫助您開拓順利成功的人生！

你的財要怎麼賺

法雲居士⊙著

這是一本教您如何看到自己財路的書。

人活在世界上就是來求財的！財能養命，也會支配所有人的人生起伏和經歷。心裡窮困的人，是看不到財路的。你的財要怎麼賺？人生的路要怎麼走？完全在於自己的人生架構和領會之中，法雲居士利用紫微命理為您解開了這個人類命運的方程式，劈荊斬棘，為您顯現出您面前的財路。

你的財要怎麼賺？盡在其中！

紫微星曜專論

法雲居士⊙著

此書為法雲居士重要著作之一，主要論述紫微斗數中的科學觀點，在大宇宙中，天文科學的星和紫微斗數中的星曜實則只是中西名稱不一樣，全數皆為真實存在的事實。

在紫微命理中的星曜，各自代表不同的意義，在不同的宮位也有不同的意義，旺弱不同也有不同的意義。在此書中讀者可從法雲居士清晰的規劃與解釋中，對每一顆紫微斗數中的星曜有清楚確切的瞭解，因此而能對命理有更深一層的認識和判斷。

此書為法雲居士教授紫微斗數之講義資料，更可為誓願學習紫微命理者之最佳教科書。

對你有影響的

日月機巨

上、中、下冊

法雲居士⊙著

在每個人的命盤中都有太陽、太陰、天機、巨門四顆星，這四顆星在人命格中具有和前程、智慧、靈敏度、計謀、競爭、感情，以及應得的故定財祿有關的主導關係。

其實你也會發現這四顆星，不但一起主宰了你的情緒智商，同時也共同主宰了你的前途命運及一生富貴。

中冊講的是太陰星在人生命中之重要性。太陰代表人的質量，代表人本命的財，也代表人命中身宮裡靈魂深處的東西。

太陰更代表你和女人相處的關係，以及你一輩子可享受的錢財，因此對人很重要！太陰又代表月亮，因此月球對地球的關係也對地球上的每個人有極大的影響力。

下冊講的是天機星和巨門星在人的生命中之重要性。

天機代表智慧、聰明和活動的動感，以及運氣升降的方式和速度。

巨門代表人體上出入口之慾望，也代表口舌是非，巨門是隔角煞，是人生轉彎處會絆礙你的尖銳拐角。天機與巨門主宰人命運的成功與奮發力，對每個人也有極大的影響力！

星曜特質系列包括：『殺、破、狼』上下冊、『羊陀火鈴』、『十干化忌』、『權、祿、科』、『天空地劫』、『昌曲左右』、『紫、廉、武』、『府相同梁』上下冊、『日月機巨』、『身宮和命主、身主』。

此套書是法雲居士對學習紫微斗數者常忽略或弄不清星曜特質，常對自己的命格有過高的期望或過於看輕的解釋，這兩種現象都是不好的算命方式。因此以這套書來提供大家參考與印證。

對你有影響的

權、祿、科

法雲居士⊙著

在每一人的生命歷程中，都會有能掌握一些事情的力量，對某些事情能圓融處理的力量。又有某些事情是使你頭痛，或阻礙你、磕絆你的痛腳。這些問題全來自出生年份所形成的化權、化祿、化科、化忌的四化的影響。『權、祿、科』是對人有利的，能促進人生進步、和諧、是能創造富貴的格局。『權、祿、科』的配置好壞就是能決定人生加分、減分的重要關鍵所在。

星曜特質系列包括：『羊陀火鈴』、『十干化忌』、『殺、破、狼』上下冊、『權、祿、科』、『天空地劫』、『昌曲左右』、『紫、廉、武』、『府相同梁』上下冊、『日月機巨』、『身宮和命主、身主』。

此套書是法雲居士對學習紫微斗數者常忽略或弄不清星曜特質，常對自己的命格有過高的期望或過於看輕的解釋，這兩種現象都是不好的算命方式。因此以這套書來提供大家參考與印證。

如何創造事業運

法雲居士⊙著

人生中有千百條的道路，但只有一條，是最最適合您的，也無風浪，也無坎坷，可以順暢行走的道路，那就是事業運！

有些人一開始就找對了門徑，因此很早、很年輕的便達到了目的地，成為事業成功的菁英份子。有些人卻一直在茫然中摸索，進進退退，虛度了光陰。

屬於每個人的人生道路不一樣，屬於每個人的事業運也不一樣！要如何判斷自己是否走對了路？

一生的志業是否可以達成？地位和財富能否得到？在何時可得到？每個人一生的成就，在紫微命盤中都有顯示，法雲居士以紫微命理的方式幫助您檢驗人生，找出順暢的路途，完成創造事業運的偉大工程！

看人過招300回

法雲居士⊙著

怎麼看人？看人準不準？關係著您決策事情的成敗！『看人術』在我們日常生活中應用甚廣，舉凡人見面時的第一印象，都屬『看人術』的範疇。紫微命盤中的命宮主星，都會在人的面貌、身形上顯現出來。法雲居士教你一眼看破對方個性的弱點，充份掌握『知己知彼』的主控權！看人過招 300 回！招招皆『贏』！『順』！『旺』！

紫微斗數精華篇

法雲居士⊙著

學了紫微斗數卻依然看不懂格局，不瞭解星曜代表的意義，不知道命程形局的走向，人生的高峰時期在何時？何時是發財增旺運的好時機？考試、升職的機運在何時？何時才會交到知心的好朋友？一生到底能享多少福？成就有多高？
不管問題是你自己的，還是朋友的，
你都在這本書中找得到答案！

法雲居士將紫微斗數的精華從實用的角度，來解答你的迷惑，及解釋專有名詞，讓你紫微斗數的功力大增，並對每個命局瞭若指掌，如數家珍！

如何推算大運・流年・流月

上、下冊

法雲居士⊙著

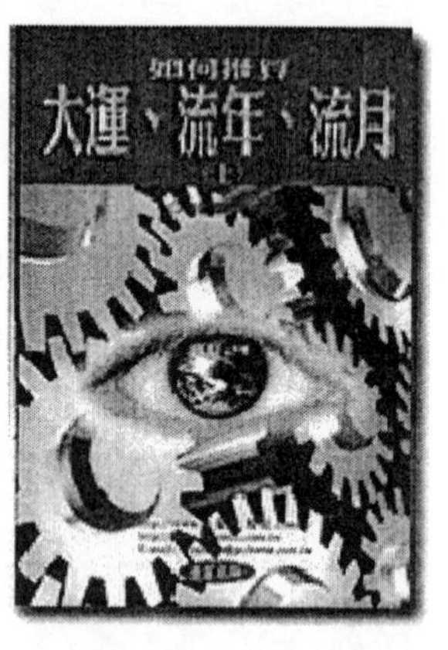

全世界的人在年暮歲末的時候，都有一個願望。都希望有一個水晶球，好看到未來一年中跟自己有關的運氣。是好運？還是壞運？

這本『如何推算大運、流年、流月』下冊書中，法雲居士利用紫微科學命理教您自己來推算大運、流年、流月，並且將精準度推向流時、流分，讓您把握每一個時間點的小細節，來掌握成功的命運。

古時候的人把每一個時辰分為上四刻與下四刻，現今科學進步，時間更形精密，法雲居士教您用新的科學命理方法，把握每一分每一秒。在每一個時間關鍵點上，您都會看到您自己的運氣在展現成功脈動的生命。

法雲居士利用紫微科學命理教你自己學會推算大運、流年、流月，並且包括流日、流時等每一個時間點的細節，讓你擁有自己的水晶球，來洞悉、觀看自己的未來。從精準的預測，繼而掌握每一個時間關鍵點。